कु-कुहेलिका

गंवरू प्रमोद (प्रमोद कुमार)

समर्पण

अनंतलोक मे विराजमान पूज्य माता-पिता (स्वर्गीया पार्वती देवी एवं स्वर्गीय राम बिलास महतो) को समर्पित है....

क्रम-सूची

क्रम-सूची

क्रम-सूची

भूमिका

अपने मस्तिष्क का कुछ भी और कितना भी विकास कर लीजिए लेकिन यह शाश्वत प्रकृति से उन्नत नहीं हो सकता। फिर भी मस्तिष्क तो मस्तिष्क है। यह सोचना कहाँ बंद करता है। यह सोचता है , विचारता है और तभी विश्व के विज्ञान का विकास करता है। कविता एक कला है जिसके संक्षिप्त शब्दों मे ब्रह्मांड के सम्पूर्ण विज्ञान का रहस्य समाया रहता है। इन रहस्यों को समझने के लिए ही इस काव्य-संग्रह पुस्तक, जिसमें छंदोबद्ध कविताएं भी हैं और मुक्त कविताएं भी हैं, की विनिर्मिति की गई है।

छंदोबद्ध श्रेणी के अंतर्गत 'नलिन खंड' में कुल बारह 'कुंडलिया' हैं ; 'कनक खंड' में कुल आठ 'दोहा' है; और 'रिश्ते खंड' में कुल चार 'चौपाई' है। मुक्तक श्रेणी के अंतर्गत 'कु खंड' में कुल उन्नीस कविताएं हैं जिसकी अंतिम कविता 'कु' (अर्थात् पृथ्वी या धरती) है; और 'कुहेलिका खंड' में कुल पंद्रह कविताएं हैं जिसकी अंतिम कविता 'कुहेलिका' (अर्थात् कुहरा या कुहासा) है। विशेष कुछ बताने की जरूरत ही नहीं, क्योंकि इसके रहस्यों को अपने अर्जित ज्ञान-विज्ञान के आधार पर अध्येता खुद ही कर लेंगे।

इस छोटी-सी काव्य पुस्तक को पाठकों के हाथ में सौंपते हुए मुझे अतीव हर्ष का अनुभव हो रहा है।

गंवरु प्रमोद (प्रमोद कुमार)

पश्चिमी पटेल नगर, पटना (बिहार), भारत -800023

pramod001975@gmail.com

21/01/2023

नलिन (छंद काव्य - कुंडलिया)

1. झूठ

बहुत जोर की ठंढ में, मिट्टन हमें सुभाय।
स्वेटर औ जैकेट से, ठंढ भी खार खाय।
ठंढ भी खार खाय, झूठ का चहुँओर होड़।
मन-ठंढ तभि थमाय, जब दे अलस-नैन फोड़।
अलस दूर हो जाय, कर्म नहि पड़े कमजोर।
सारि ठंढ खात्माय, सिद्धि फैले बहुत जोर। /1/
+

पूरी दुनिया ठंढ में, यदि सच का हो अंत।
दिन रात की समता से, प्रकृति न होगी संत।
प्रकृति न होगी संत, कर देगी दोलन जगत।
झूट्ठा न बने कंत, चाहे क्यूँ ना वह भगत।
गमन हो झूठ ओर, इच्छा होगी अधूरी।
चमक दमक के छोर, कामना न होगि पूरी। /2/
+

झूठ से बड़ी नहि ठंढ, यह दुनिया को भरमाय।
सभी नर को मूर्ख बना, कदम कदम तड़पाय।
कदम कदम तड़पाय, दुनिया से दूर कराय।
सच को यह भस्माय, मन चकनाचूर कराय।
संसार सुधर जाय, एक भूमिगत सूठ से।
जगत नष्ट हो जाय, एक तुच्छ सा झूठ से। /3/
+

झूठ बोल बोल कर जो, दूसरों को फँसाय।
एक न एक दिन वह नर, खुदी मुंह की खाय।

खुदी मुंह की खाय, विचारे उलूल जलूल।
गलती करके लाख, सबकुछ जाता है भूल।
सच को देत बिगाड़, बोलता कुछ भी न तोल।
दुनिया को भरमाय, केवल झूठ बोल बोल। /4/

+

कुछ जन मीठे बोल के, दुनिया को ठग जाय।
प्रेम से झूठ बोल के, पूर्ण विश्व भरमाय।
पूर्ण विश्व भरमाय, झूठ को सच साबित कर।
खुद भकस उड़ी जाय, भोंककर सच में खंजर।
खुदी झूठ-घर बैठ, बिना जीते जीवन-रण।
रसातल सच भगाय, वसुंधरा के कई जन। /5/

+

रोब गरिब पर झाड़ के, कुछ जन पहुँचे उच्च।
बात बतंगड़ बना के, शर्माय न वो भुच्च।
शर्माय न वो भुच्च, जो जन पर कहर ढाए।
आपनु खुश रख लुच्च, भरम गीत खूब गाए।
खुद खुशी गीत गाय, औरों पर झाड़े क्षोब।
वे लोग नहि लजाय, जो दिखाए झूठ रोब। /6/

+

निज भविष्य निर्माण हेतु, जो नित बोले झूठ।
उसका मन औ मस्तिष्क, सच में होता जूठ।
सच में होता जूठ, यदि घमंड मन में दिखे।
पहने धमकी कूठ, जो परहित-भाग्य न लिखे।
करके अत्याचार, जो अपना चाहे तिष्य।
वह चौपट कर देत, बेहतरीन निज भविष्य। /7/

+

अति जोर रात्रि पश्चात, अवश्य होवत भोर।

श्रम निशिदिन करन सै, भागै अभाव कर जोड़।
भागै अभाव कर जोड़, औ दिल में नाचै मोर।
दुविधा हर छंटोर, जब मन न मचावै शोर।
जिया जन-जुड़ी जोर, छांट आप मंदी तोड़।
कीजिय सत्य सुभोर, छोड़िए झूठ अति जोर। /8/

+

झूठ बोलते बोलते, पहुँच जाते श्मशान।
कब्रिस्तान में पहुँचके, दिखाते झूठी शान।
दिखाते झूठी शान, वहाँ भि करते अन्याय।
जल नहि होते खाक, क्योंकि लिए रहते हाय।
प्रकृति में कई साल, घूमते रहते वो रूठ।
होकर भि वो अदृश्य, केवल फैलाते झूठ। /9/

-**-

2. सच

तिनका तिनका जोड़ि कै, लिय बड़ महल बनाय।
लोभ मन में घुसते ही, धराशायि हो जाय।
धराशायि हो जाय, आश एक एक किनका।
बिना आप चेताय, मति मद में चूर जिनका।
स्वर कभी न बौराय, यदि निकालें सच रिणका।
हिया उनका अघाय, जो जोड़े जगत तिनका। /1/

+

अजूबाएं करना हो, धीरज रखिए खास।
अद्भुत करें कुछ हटके, मन में रख दृढ़ आस।
मन में रख दृढ़ आस, सच राह बढ़ते जाएं।
कारज करें झकास, कारज में न शर्माएं।
मन रख निश्चय पास, दुःख जग सारि भगाएं।
खींच कर मनस-रास, कर दीजिय अजूबाएं। /2/

+

दौलत, शोहरत, सत्ता; ये सब जगती लोभ।
निकट इन रह जो न लुभै, उसे न होवै क्षोभ।
उसे न होवै क्षोभ, जो रहै नित्य कर्मरत।
और न होवै चोभ, हर चीज से रहै विरत।
चुभै सच की खोभ, जब पड़ जावै अहं लत।
जगत की बड़ी थोभ, है भई सारी दौलत। /3/

+

दिलबस्तगी से कह दो, दिलरुबा सत्य लफ़्ज़।
इससे नशेंगे न कभी, जिंदगी लक्ष्य ख़फ्ज़।

ज़िंदगी लक्ष्य ख़फ़ज़, तभी तक रहे जीवंत।
जब तक हो सच भोग, हिय पहुंचे दिग दिगंत।
तजके जग-मन रोग, खींच लें सुतन मस्तगी।
सुधर जायगा योग, हो जब जग दिलबस्तगी। /4/

+

पोची जग की देख के, मन मोरि उचट जाय।
कर्बुरी बन बढूं अगम, जगत तभि सीख पाय।
जगत तभि सीख पाय, निज पैरों पे जब चले।
गठरी जब तजि जाय, तभि मोटरी रूप फले।
सच बलूई जमीन, पाकर बबुल सम कोची।
अति है दिल में दर्द, देख चहुंओर पोची। /5/

+

चाहे कुछ भी कीजिए, झूठ से रहें दूर।
सच हेतु बोलें इसको, चिंता होगी फूर।
चिंता होगी फूर, यदि सच हेतु झुठ बोलें।
व्यथायें होंगि चूर, जनहित हेतु मुख खोलें।
ठगते निज हित हेतु, सबको गाहे बगाहे।
बनेगा न सुख-सेतु, क्यूँ न जग तुम्हें चाहे। /6/

+

सच के अंबुधि में पैठ, त्याग दूँ मन विकार।
सौभाग्य प्राप्त कर लाउँ, बदलूँ जन संसार।
बदलूँ जन संसार, दूँ हर व्यवहार निखार।
दूँ दुनिया को मान, सब मानुष पाँव पखार।
करना है प्रस्थान, कुछ तो अनोखा रच के।
रहूँ जबतक जगाय, रहूँ संग नित्य सच के। /7/
(दिलबस्तगी ˜ प्रेम, ख़फ़ज़ - ऐश्वर्य, मस्तगी ˜ खिंचाव)

-**-

3. दर्द और पीड़ा

जिंदगी की सर्दी में, धुंध तभि छंट पाय।
दुनिया के साथ में जब, मनस मिलन हो जाय।
मनस मिलन हो जाय,जब चहुँओर इस जग में।
तभी जिया टिक पाय, सत्पथ गमन के मन में।
सुनिये हृदय हुँकार, भागेंगी शर्मिंदगी।
सुनिय पीड़ा पुकार, सँवर जायगी जिंदगी। /1/

+

निगाहें ऐसी रखिए, कि टकटकी पट जाय।
करें अवलोकन खुद पे, ताकि दर्द हट जाय।
ताकि दर्द हट जाय, सदा घूरना बंद हो।
मगजमारी न भाय, शर्म शलजमी कंद हो।
जलन से देख देख, दिल में क्यूँ भरें आहैं।
कर्म का बना लेख, बदलेंगी निज निगाहैं। /2/

+

कितनी भी कोशिश करो, वही धरा पर होय।
शुरू से अंत अंत तक, कुदरत चाहे जोय।
कुदरत चाहे जोय, होता है वही सदैव।
जग में न किसी कोय, सिर्फ सँग दे प्रकृति दैव।
प्रकृति जब होवै संग, खुशी मिलै सोच-जितनी।
मन-पीड़ा घट जाय, चाहे भार हो कितनी। /3/

+

निज मन की उत्कृष्टता, तभि रहे बरकरार।
जब न हो यश की चिंता, न हो सोच तकरार।

न हो सोच तकरार, तो उजाले मिले सब को।
बने लोक परलोक, शक्ति मिले हिया-रब को।
रखके वैश्विक सोच,सुनें व्यथा जगत जन की।
बिन किए बड़ी भूल, सुनें पीड़ा निज मन की। /4/

+

मिल जाता हमें ज्योंही, सद्ज्ञान का प्रकाश।
तब नहि होता है हमें, अभाव का अहसास।
अभाव का अहसास, बहुत कुछ सीखा देता।
सहना कैसे दर्द, है यह भी बता देता।
समय काल अनुसार, दर्द भी है खिल जाता।
यदि बनें कर्म-धार, एकदिन फल मिल जाता। /5/

-**-

4. प्रेम

प्रेयसी! हूँ सुन खुश तिरि, पायल की झनकार।
लुट गया सुन स्वर मृदु तिरि, पाउँ उसी संसार।
पाउँ उसी संसार, मंद मंद लखि मुस्कान।
प्रियतमा हँसी-हार, भटका दियो मस्त ध्यान।
दिल देकर झकझोर, अट्टाहास घुँघरू धसी।
मन गहे बार-बार, प्रेम संग ओ प्रेयसी! /1/

+

रसभरी बातें सुन कर, सुग्गा गियो अघाय।
मृदुल बाजू बीच शुकन, कंकन कर शोभाय।
कंकन कर शोभाय, है खनक प्रेम हर घड़ी।
तान अनुपम रमाय, अलबेल जुड़ कड़ी कड़ी।
वसुधा गति चमकाय, गुंथित हो पलंग लरी।
मन मेरा भर जाय, सुन प्रिया वचन रसभरी। /2/

+

कुटिलता काम न आती, चाहे कर लो प्रेम।
कुआँ खोद देने पर भि, सज्जन बनाय जेम।
सज्जन बनाय जेम, मन में रख दृढ़ इकंक।
मग में कर बरनेम, बिना कभी हुए सशंक।
हर आदमी-स्वभाव, काफी मिलती जटिलता।
उससे बड़ा न कोउ, जो तजे सारि कुटिलता। /3/

+

रैन है अति मधुर मोहि, प्रिये! बदलिए रैन।
नैन को सुख पहुँचाकर, चूमिए मोहि नैन।

चूमिए मोहि नैन, न धड़कायें मोहि जिया।
प्रफुल्लित होएगी, आपकी यह प्राणप्रिया।
दूर होकर मुझसे, नहीं लुटिए प्रेम चैन।
आगोश में लीजिय, सँवार दूंगी भर रैन। /4/

+

विप्रलंभ तुझसे पाके, हो गइ मैं विप्रलंभ।
उपालंभ किसे दूँ मैं, नहि मिला उपालंभ।
नहि मिला उपालंभ, ओलाहन पास जाऊं।
कर सँभोग आरंभ, कंटीली राह पाऊं।
सँभोग न टिक पाय, यदि नहि बनूँ प्रेम रंभ।
खत्म करूँ भटकाव, नहि होगा तब विप्रलंभ। /5/

+

जल्दी जितना हो सके, छोड़ दीजिय कुसंग।
लोभ में कभी मत पड़ें, चाहे मिले सुसंग।
चाहे मिले सुसंग, या मिले बलवान संग।
पर मत बनें लफंग, और न हीं बनें दबंग।
न करें ज्ञान-घमंड, बुद्धि भि हो प्रेम-हल्दी।
सहते दुख-मार्तंड, करें हर सुकार्य जल्दी। /6/

-**-

5. समर्पण

भलाई में लुटने को, समर्पण कहा जाय।
जिसने सदा त्याग किया, वही सिद्धि फल पाय।
वही सिद्धि फल पाय, जो गरीब को न रुलाय।
रहकर सँग असहाय, उनकी चिंता भि भगाय।
दुनिया बनाने हेतु, जो चले दुख-काई में।
खूब मिले संतोष, अखिल जगत भलाई में। /1/
+

जिंदगी झंड नहि बने, कर लें अच्छा काम।
भले ही सब जाय भूल, इश न भुलेंगे नाम।
इश न भुलेंगे नाम, धुलेंगी सारि रिंदगी।
झुकेंगी धरा-धाम, भागेंगी शर्मिंदगी।
रखके जीवन छाँह, करें समर्पण छिंदगी।
सोंचे सुंदर बात, सुधर जायगी जिंदगी। /2/
+

होता बहुत ही ख़राब, लफ़्ज़ों का ज़हराब।
सहि बोल से जीवन में, खड़ा होत महराब।
खड़ा होत महराब, भाग जाय सारे वहम।
नहीं आत ठहराव, जब करते जग पे रहम।
कर समर्पण लगाव, जो कभी नहीं सोता।
उसका रम्य भविष्य, नित्येव उज्ज्वल होता। /3/
+

तड़पन दुनिया की देख, जो करे शम उपाय।
इस दुनिया की चमक में, वह कदापि न लुभाय।

वह कदापि न लुभाय,जिसके मन दुनिया विरत।
बदल जगत से जाय, सकल सूरत औ सीरत।
नहीं बढ़ है सुकाज, करिए जग प्रति समर्पण।
अवश्य होंगे दूर, जगत के सारे तड़पन। /4/

-**-

6. आत्मबल

सितारों से डरकर कभि, ज्योति न तजे मयंक।
मित्र तेज हर घर जाय, राजा हो या रंक।
राजा हो या रंक, है सबका खून समान।
है जरूर निकलना, एकदिन सभी का प्राण।
कभि सिर नहीं रगड़ो, हृदयहिन दीवारों से।
आत्म बल से पूरित, बतियाते सितारों से। /1/
+

अत्याचार होत देख, मत बनें कभी सूर।
विरोध नियम से करके, बनिए वसुधा-शूर।
बनिए वसुधा-शूर, गमका आत्मबल-कपूर।
रख अग्रगमन-लूर, बढ़िए कर्म-भू धुर-धुर।
रखके इच्छाशक्ति, कीजिय दुख-सागर पार।
करके अच्छा कार्य, खत्म करें अत्याचार। /2/
+

विवेचन-जग में जब हो, नियम सर्वांग पूर्ण।
सबकुछ ठीक होता है, होता अजान चूर्ण।
होता अजान चूर्ण, सोच-भ्रम सारा भागे।
घमंड मन का छाड़ि, हिय समस्त अहं त्यागे।
आत्मबल नया मूल, बनाय सुगमता मग में।
नहीं आत किछु शूल, व्यापक विवेचन-जग में। /3/
+

फैला है भ्रम चतुर्दिक, औ है खींचातान।
सब है अपने में मस्त, खूब है परेशान।

खूब है परेशान, न शांति दिन न शांति रैन।
दिखा आत्मबल शान, हैं अंदर से बेचैन।
निज से खूब लगाव, मन को बनाया मैला।
तभी आज चहुँओर, ईर्ष्या लोभ है फैला। /4/

+

उल्टी सोच से सदैव, मन पत्थर हो जात।
अधैर्य मुस्कात हरदम, हृदय नहीं मुस्कात।
हृदय नहीं मुस्कात, गुजरके कुछ असिद्धि से।
दिखै है करामात, सिर्फ कर्म की सिद्धि से।
आत्मबल होय दूर, विपरीत धैर्य नोच से।
संसार बिगड़ जात, मानस उल्टी सोच से। /5/

-**-

7. पतंग

कर्म-डोर बँधी पतंग, चली आसमां ओर।
जिंदादिली से लायी, खुशहाली चहुँओर।
खुशहाली चहुँओर, जब संसार में आए।
पतंग से आजाद, पूरी दुनिया शुभाए।
जो है हृदय स्वतंत्र, नहीं बहाते कभि लोर।
है यह दुनिया बंधि, सिर्फ सच्ची कर्म-डोर। /1/

+

कारज जब सब हमारा, होता है बहुरंग।
तब जीवन-आसमां में, उड़े खुशियाँ पतंग।
उड़े खुशियाँ पतंग, जब हृदय न हो बेचैन।
आता है सुख चैन, बीते है अच्छा रैन।
सँभले बोली बैन, जब करें सुकर्म धारज।
विपरीत हो समाज, फिर भी करें सत कारज। /2/

+

अनाड़ी नाड़ी फुटि फुटि, कष्ट पतंग उड़ाय।
योग्य चिटनीस की भाँति, लेख धरती लुभाय।
लेख धरती लुभाय, संजीवनी बुटि लाके।
चहुँओर फैल जाय, पतंग धागे हिलाके।
सुरभित समीर स्पर्श, पा खिले दुनिया सारी।
बिन हुए सम पतंग, दुनिया होती अनाड़ी। /3/

+

बढ़के मनीषी-मन से, पतंग गुण नहि होत।
अटवी अट में अटकके, दिशाएं नहीं खोत।

दिशाएं नहीं खोत, कानन कृशानु कर शांत।
अंतर तेज बढ़ात, बिना किए वपु पथ भ्रांत।
करत रहत निस्तेज, श्रेष्ठ पतंग रथ चढ़के।
पतंगी सोच ज्येष्ठ, जो है ईश से बढ़के। /4/

-**-

8. अज्ञान

अबेश किसी भि चीज का, बढ़ा देता अबोध।
अज्ञान भी दे देकर, लाता हर गतिरोध।
लाता हर गतिरोध, खोदे जीवन का कब्र।
खत्म कर विश्व-शोध, लाता अंधकार अब्र।
जीवन बनता झंड, नैराश्य से कमोबेश।
ज़्यादा हो यदि सोच, उत्पन्न करता अबेश। /1/

+

जगत मे सबसे खराब, होता है अज्ञान।
जो ले लेता एकदिन, हरेक मानव प्राण।
हरेक मानव प्राण, टिका है सिर्फ ज्ञान पर।
यदि न हो बुद्धि ज्ञान, जीवन लटके है अधर।
अधर नित रखिय लाल, होके हरेक ज्ञान रत।
संसार सुधर जाय, यदि धरेंगे ज्ञान जगत । /2/

-**-

9. नलिन (कमल, कुमुद)

मुस्कुराते मिलें यथा, कमल कमलिनी संग।
दुनिया में कभी कोई, न दिखेंगे बदरंग।
न दिखेंगे बदरंग, इस जहान की प्रकृतियाँ।
मन नहि होगा तंग, औ भागेंगी विकृतियाँ।
जो सदा खिलखिलाय,वे सबको गुदगुदाते।
खिलके नलिन समान, मंद मंद मुस्कुराते। /1/

+

सुंदर है पवित्र नलिन, है ज्ञान का प्रतीक।
मांगलिक कई जगह पे, शोभित हो रमणीक।
शोभित हो रमणीक, धरे उद्देश्य सजावटी।
होता जलीय मूल, गोल पत्ति न दिखावटी।
जिनका बड़ उपयोग, उन ऐश्वर्य न छछूँदर।
नलिन भांति व्यवहार, होत है सबसे सुंदर। /2/

+

कीचड़ में खिलता नलिन, है इकलौता फूल।
इसके समक्ष आ टिके, विज्ञान न्यूटन जूल।
विज्ञान न्यूटन जूल, है परिशुद्ध पूर्ण माप।
पर ये नहि बन पाय, शुद्धता में नलिन-बाप।
जब प्रीत दशा आय, सुज्ञान बढ़े लीचड़ में।
जब कर्म नलिन भांति, संस्कृति उगे कीचड़ में। /3/

+

परिगुच्छ में रहे नलिन, है शुभदाता फूल।
दृष्टि दीप्ति परिष्कृत कर, सुधारे सार भूल।

सुधारे सार भूल, दुःख में हँसना सिखाय।
कर शंका निर्मूल, भाग्य शानदार लिखाय।
नलिन नहीं रह पाय, अवरुद्ध भाव तुच्छ में।
मिलके रहन सिखाय, जोकि रहे परिगुच्छ में। /4/

-**-

10. नलिन (जल/पानी)

सत्यवादी लोगों की, जिंदगी नलिन भांति।
उनमें रहत सराबोर, पूरन जग की कांति।
पूरन जग की कांति, उनमें रहे जो निश्छल।
दूर होय सब भ्रांति, जब मन सदैव रहे भल।
जब हृदय छलछलाय, कभी न बनै उन्मादी।
नलिन सम जिन्हि हीय, रहै सदा सत्यवादी। /1/
+

निर्मल हो जो नलिन सम, सुकार्य में हो मग्न।
सुकर्म रत होने हेतु, न देखता वह लग्न।
न देखता वह लग्न, जो देत संदेश शांति।
वह रहता मन भग्न, जो उकसाय करै क्रांत।
नलिन सदृश जो होय, उसमें बल यथा थर्मल।
नलिन बने भी जोय, हिय रहै उनके निर्मल। /2/
+

नाव नलिन में तभि चले, जब हो बयार शांत।
अन्यथा नलिन कर देत, नाव को राह भ्रांत।
नाव को राह भ्रांत, नलिन न नित्य करता है।
छोड़के सार प्रांत, जल जग दर्द हरता है।
नलिन-सा बहे जोय, कभी नहीं दिखाय ताव।
जग पार पाय सोय, जो चढ़े अच्छाइ नाव। /3/
+

गुण अतीव है नलिन में, नित रहें इस समान।
बचाय यह हर रोग से, बढ़ाय वपु का मान।

बढ़ाय वपु का मान, आलस्य से रहित कार्य।
नलिन है देत प्राण, करे हर स्पष्टता धार्य।
जो बने नलिन भांति, रखे आगे जाने धुन।
मग्न भाव पथ-पांति,नर का सबसे बड़ा गुण। /4/

-**-

11. नलिन (सारस)

दर्द चुगो जग-जलधि से, नलिन पक्षी समान।
दिखेंगे अपर लोक में, सभी तरह का मान।
सभी तरह का मान, तभि हृदय नर को देता।
जब नर दे डर चीर, संसार दुख हर लेता।
नलिन जब दे निहार, दृष्टियाँ हो जाय गर्द।
नलिन रखें व्यवहार, भागेंगे जीवन दर्द। /1/

+

श्वेत परिंदा नलिन का, सुंदर होता कंठ।
चतुर चोंच खाने हेतु, होता न कभी शंठ।
होता न कभी शंठ, वह जो बने साधारण।
बिना पड़ाए गंठ, जीतता जीवन का रण।
पीड़ा को दें मात, जीवन न बनाएं रेत।
खुला रखें हीय, युकुत नलिन बनके श्वेत। /2/

+

नलिन सम होना सबके, बस की नहि है बात।
बिगड़ता हुआ सँभलता, यदि हो नलिन सँघात।
यदि हो नलिन सँघात, कारज होता संपन्न।
नहि होता अफसोस, उजास होता उत्पन्न।
व्यवधान होय खत्म, नष्ट हो जाए है खिन।
श्रम नहि खाता मात, समक्ष कर्मठता नलिन। /3/

-**-

12. नलिन (एक रंग)

पुराने को भि चमकाय, खिले खिले नलिन रंग।
खूबसूरती लाय यह, गमकाय वसन अंग।
गमकाय वसन अंग, हटाकर मसरण सारे।
मिटा देत हिय जंग, मन-अंतस के हमारे।
नलिन सम रहे जोय, उसे जग लगे न विराने।
जो जग दर्जी होय, नहि रखत सोच पुराने। /1/
+
झर-झर निर्भर सम हो, नलिन गगन के पास।
मन को प्रफुल्लित रखिए, होगा गात झकास।
होगा गात झकास, जब होगा सुंदर कर्म।
बनेगा हृदय खास, समझेंगे जब जग मर्म।
उत्तम जग गढ़ जाय, जो कार्य करते धर-धर।
जो जग बढता जाय, कर्म-स्रोत झड़े झर-झर। /2/
+
करिए इस संसार में, लोक हितैषी काम।
नलिन विचार पनपेंगे, बनेंगे पुण्य धाम।
बनेंगे पुण्य धाम, सिद्धियाँ सारी मिलेंगि।
होकर विशुद्ध नाम, सांसारिक देह खिलेंगि।
कह गंवरु कविराय,गलतियों का फल भरिए।
बनकर भू पे नील, रंग युक्त कार्य करिए। /3/

-**-

कनक (छंद काव्य - दोहा)

13. कवच

किए गए सुकर्मों से, मन रहता नित शांत।
कवच मन को पुष्ट मिले, देह रहे अक्लांत।। 1
+

कवच-कुंडल है सुकाज, जिससे जन तर जाय।
करे काज धारण धरा, सुफल सुतन कर जाय।। 2
+

कारज है असली कवच, यह सुप्रेम - कंदील।
सिर्फ सत्काज करन से, गद्गद होवै दील।। 3
+

कारज ऐसा कीजिए, अखिल जगत खुश होय।
स्वयं का भार भी ढोय, जगत -भार भी ढोय।। 4
+

सुंदरतम काज करके, जो परिवर्तन लाय।
वही इस जगत में सदा, कवच धारी कहाय।। 5
+

जग-हितैषी कार्यों से, हो मन भ्रम भँग जाय।
और जग छोड़ने बाद, असल कवच सँग जाय।। 6
+

कारज सारा धर्म है, कारज सारा मर्म।
कुंडली हिय का सुकाज, सुकाज ही सत्कर्म।। 7
+

अच्छा कार्य करने से, गात-कवच मिल जाय।
गहन दुःख में हमारा, अंग-अंग खिल जाय।। 8

+

जो करता नित्य सुकाज, मन रखता विश्वास।
विश्वास हि आदमी का, होत है कवच खास।। 9

+

दिल से काज करने से, बन जाता संसार।
रँगीन माहौल बनता, फलता घर परिवार।। 10

+

जीवन पर्यंत हो भी, करता सिरफ सुकाज।
कवच सोच सदा देती, न गिरता कोइ गाज।। 11

+

जो बिना डरे हुए नित, करता है सत्कार्य।
वही करता आजीवन, कवच व कुंडल धार्य।। 12

-✳✳-

14. महंगाई आठों प्रहर

पहले बंदी रुलाया, अब महँगाइ रुलाय।
पहले सुखी-सुखी खाय, अब अति सूखी खाय।। 1

+

पहले दो बेर खाता, अब खाता दो बेर।
महँगाई की मार से, मरूंगा अति सबेर।। 2

+

जब महँगाई ठनेगी, दीवाली न मनेगि।
एकदिन हर तबके को, गरीबी लील लेगि।। 3

+

कभी किसी के दुखों में, साथ न देवे कोय।
महँगाइ को जो समझे, उसे न पीड़ा होय।। 4

+

महँगाइ जब दुख देती, इक रोटि न मिल पाय।
सेठ के बाँछे खिलते, और आय बढ़ जाय।। 5

+

पर-उपदेश से पहले, खुद पे अमल कराय।
यदि महँगाइ भल रह ले, तन ठीक-ठाक जाय।। 6

+

जिस दिन किस्मत खुलेगी, दूँगा सबको साथ।
महँगाइ काबू रहेगि, खुशी होगि हर हाथ।। 7

+

पर अंवगुण ढूँढन पूर्व, ढूँढ़ें महँगाइ ऐब।
साबुन औ पानी बिना, धुलता इससे ऐब।। 8

+

महँगाइ पे काबू को, सब मिल करे प्रयास।
शासन भी ऐसा करे, जन जीवन बने झकास।। 9

+

हाड़तोड़ काम करके, भगाएं महंगाइ।
हिम्मत कदापि न हारें, त्यागें आलस काइ।। 10

-**-

15. कनक

शिव ही जाने है जग मे, गुणहि कैसा धतूर।
सोना से अधिक इसके, नशा तो नहि जरूर। 1

+

कनक के पीछे पागल, नहीं होइए भाय।
अन्यथा यह दुनिया मे, अतीव ही दौड़ाय। 2

+

कनक की मादकता मे, भूलके भी न खोय।
अन्यथा यह अंतस मे, भटकाव बीज बोय। 3

+

कनक वैसा पावक है, जो दिल को धधकाय।
खुद तो खूब चमके है, जगत को अंधराय। 4

+

बिना कनक गूंथे कभी, रोटी नहि बन पाय।
आमाशय को इस बिना, सुख नहीं पहुँच पाय। 5

+

वसंत की शुरुआत मे, जबहु कनक खिल जाय।
तबहु इस वसुंधरा का, उद्धार होइ जाय। 6

-**-

16. हारो नहीं थको नहीं

अप्रतिम करने के लिए, चलो पथ यथा राम।
हारो नहीं थको नहीं, बनेंगे सभी काम। 1

+

उसका विकास अवरुद्ध, जो जाता थक हार।
पूरी जिंदगी उसकी, हो जाती बेकार। 2

+

किसी भी काम में कभी,न्यून न हिम्मत हार।
डटकर मग में बढ़ें तो, बदलेगा संसार। 3

+

दुनिया बदलनेवाले, थक के न जात बैठ।
दुःख अथाह सागर में, नहि घबराते पैठ। 4

+

शरीर आलस खोजता, मन खोजै आराम।
आराम आलस छोड़ो, सुधरेंगे जग धाम। 5

+

उसे सिद्धियां न मिलती, जो महसुसे थकान।
सारि सिद्धि उसे मिलती,जो भरे पथ उड़ान। 6

+

जो न थकता न हारता, करै है लक्ष्य प्राप्ति।
उसी में होती सदैव, सुंदर भाग्य कि व्याप्ति। 7

+

अतः न थकें न हि हारें, प्राप्त करें निज लक्ष्य।
सुधर जायगी जिंदगी, पथ होंगे इश रक्ष्य। 8

गंवरु प्रमोद (प्रमोद कुमार)

-**-

17. देख लो आसमान

संभालो जिंदगी का, अपना लक्ष्य कमान।
अतीव सावधानी से, देख लो आसमान। 1
+
लक्ष्य साधने के लिए, मुबस्सिर नजर जिन्ह।
निष्कंटक होवै राह, फद न पास आय तिन्ह। 2
+
सही से बढ़ना है तो, आसमां लो निहार।
सदैव अच्छा कर बढ़ो, मन न खायगा ख़ार। 3
+
जिसे होता है सदैव, निज कर्म उपर नाज।
वे कभी किसी के उपर, न गिराते कभि गाज। 4
+
लक्ष्य वेधन की आशा, सदा रखो अपन पास।
करना न पड़ेगा कभी, कोइ बड़ा जतन ख़ास। 5
+
देख लो आसमान तुम, मग में जाने पूर्व।
बनेंगे जग के सारे, कर्मों का पथ धूर्व। 6
(मुबस्सिर ~ पारखी, फद ~ फरेब)

-**-

18. सेवा कर प्रसिद्धि छोड़

कभी किसी वंचितों का, वृद्धि पथ न दो तोड़।
जगत के असहायों की, सेवा कर प्रसिद्धि छोड़। 1

+

सही प्रसिद्धियां अर्जन, सिर्फ सेवा से होय।
इस धरा पे सेवक से, बढ़के नहि है कोय। 2

+

जग सेवा करते हुए, करें लोक प्रस्थान।
मिलेंगी सारी खुशियाँ, मिलेंगें लोक मान। 3

+

सेवा - सेवा न रटें, सेवा कर लें भाय।
प्रसिद्धि हेतु सेवा क्यूँ! ये सेवा नहि भाय। 4

+

लोगों कि सेवा करके, करें स्वयं पे नाज।
बनेंगे जग के आपके, सारे बिगड़े काज। 5

-**-

19. जीत लिजिय संसार

अनोखा अद्भुत करके, जीत लिजिय संसार।
जायेंगे मिल सिधि सारे, मग बढ़ें लगातार। 1

+

पथ पे बढ़ने हेतु दें, सारे आलस छोड़।
जग जीतने के लिय दें, सुकर्म-रिकॉर्ड तोड़। 2

+

रिकॉर्ड तोड़ कर्मों से, जो जगत जीत जाय।
उसके जैसा न कोई, दुनिया में है भाय। 3

+

क्या सोच रहें हैं आप, बैठ यहाँ सरकार।
उठिए संभलिए जरा, जीत लिजिय संसार। 4

-**-

20. किरमाला

बाग-बगीचे लहराय, किरमाला के फूल।
कुसुम पीले मनमोहक, मिटाए हृदय शूल। /1/

+

प्रकृति में परिवर्तन नित, होय आमूलचूल।
नष्ट कर दे यह सारे, मानव मन का धूल। /2/

+

पेट-हाजमा ठिक करे, पुष्प रस अमलतास।
हृदय बीमारी में भी, है यह अतीव ख़ास। /3/

+

पत्ते भि त्वचा रोग में, फायदा दे झकास।
खांसी बुखार भगाके, रचाय यह सुख रास। /4/

+

जो देख प्रफुल्लित होय, सुवर्ण फूलों की शोभ।
उसके मन में न आए, किसी तरह का छोभ। /5/

+

मन भरे वृछ देख पुहुप, पीले मालाकार।
टीस हिय की मिट जाती, लखि इसे बारँबार। /6/

+

नुकीली होती इसकी, फलियां लंबी गोल।
सिर्फ प्रकृति-प्रेमि जाने, अमलतास का मोल। /7/

+

किरमाला की जड़ों में, सुगंध की है रेस।
वसंत में इसकि पत्ती, उड़ जाय दूर देश। /8/

+

किरमाला-दूजा नाम, सोनाली भी होय।
इसके गुण और महिमा, शायद जाने कोय। /9/
(किरमाला ~ अमलतास)

-**-

रिश्ते (छंद काव्य - चौपाई)

21. रिश्ते

मन - संबंध पोषण जरूरी।
रिश्तों में न बनै कभि दूरी।।
स्वस्थ रिश्ता जगत-धर्म-कुड़ी।
करै सार मन-मनरथ पूरी।। /1/
सब बेकार रिश्तों के बिना।
दूभर हो जाता है जीना।।
नरम अति रिश्ते-सूत झीना।
धर लेहु हिय प्रेम-पखमीना।। /2/
सुंदर सोच आय भय भागे।
इच्छा दबे अनुभूति जागे।।
स्व अनुभव में प्रण पंख लागे।
मतिभ्रम-भूत निज जिद त्यागे।। /3/
लम लगन निभे रिश्ते सारी।
मन न घुसै तलवार दुधारी।।
प्रेम कभी न बनै व्यापारी।
रिश्ता सिखाय दुनियादारी।। /4/
विपत्तियाँ क्यूँ न आय नाना।
संकट भले आय विविधाना।।
सत् प्रेम रिश्ता न है काना।
यहि रिश्ता गणेश* का प्राणा।। /5/

-**-

(*गणेश = प्रमोद)

22. हिंदी देवी

भारतीय भाषा चौपाई।
हमार हिंदी वृद्धि कराई।।
तमिल तेलगु कन्नड़ मराठी।
बनाए हिंदी कोश काठी।।
मलयालम कोंकणी ओड़िया।
या हि तत्सम हिंदी-गोरिया।।
कश्मीरी सिंधी गुजराती।
बांग्ला मैथिली को सुहाती।।
संथाली नेपाली असमी।
बनाए रखे हमार हिय नमी।।
मणिपुरी बोडो और संस्कृत।
मिलकर करै हिंदी चमत्कृत।।
उर्दू डोगरी व पंजाबी।
हवा जमीं सम हिंदी ताबी।।
भारत के सब भाषा प्यारी।
हिंदी सबके लिय है न्यारी।।
मिलि कै बनें भाषा सेवी।
जय जय जय हो हिंदी देवी।।

-**-

23. सौभाग्य

सुकर्म को आधार बनाके। जीवन को मर्म से सजाके।
कर लीजिए काम नित अच्छा। मिलेंगे परमेश्वर सुरक्षा॥
/1/

+

प्रभो! तुझमें रमे मेरि काया। छंट जायगी सारी माया।
भूल जाऊँ लुभावन छाया। यदि तू कर दे अहं सफाया॥ /2/

+

भले ही दुःख हो राहों में। पर प्रभु! रहूँ तेरी बाहों में।
ताकि अनवरत चलता जाऊँ। सिद्धियाँ संसार का पाऊँ॥
/3/

+

प्रभो! लखूं मैं जग दुखियारे। ताकि दूर करूँ दुःख सारे।
अपना धर्म को नित निभाऊँ। तभी दुनिया से पार पाऊँ॥
/4/

+

जग उन्नति में ताकत झोंकूँ। प्रभु! तभी अपना सुख विलोकूँ।
तभी तेरे दर्शन मिलेंगे। औ सौभाग्य सारे खिलेंगे॥ /5/

-**-

24. किरमई

किरमई सी बनें उपयोगी, कोई पीड़ा कभी न होगी।
किरमई सि बन जीवन योगी, उतार फेकें सारे चोगी॥ /1/
किरमई बनें न होगि पीड़ा, जो यह न करे रहे अधीरा।
जो बने किरमई सम कीड़ा, वही है जगत उत्तम वीरा॥ /2/

+

जो बने रेशमी लसदारा, जग में वही नित रहे ठारा।
औ वह बन रहे चमकदारा, सोच रखे चंपई अखाड़ा॥ /3/
बड़ा वही श्यान रँग सँजोया,और त्यागकर सबकुछ खोया।
जो दुनिया मे कांटा बोया, समझ लो ज़िंदगी भर रोया॥
/4/

+

जो भी जग मे खूब ठनै है, किरची सी मुलायम बनै है।
धरती से जुड़ कर्म सनै है, मर्म उसके बाजत घनै है॥ /5/
जगत जोड़ जो करै कमाला। उसी कै है कर्म किरमाला।
मिलता उसे किरमई लाला, जो झेले कर्म कुंज झाला॥ /6/

+

जब भी आय तकलीफ हाला, करिये संयम-इस्तेमाला।
प्रकृति भी लगाएँगी गाला, जीवन कभी न होगा काला॥ /7/
जो किरमई सद्दश हो जाए, वह कदापि मुंह की न खाए।
उसे कोई लोभ न लुभाए, ऐंठन सारे भि भाग जाए॥ /8/

+

हानि जिंदगी में आएगी, यदि सुसोच धुंध न छाएगी।
कर्म किरमई इठलाएगी, यदि दुनिया नहीं लुभाएगी॥ /9/

गंवरु प्रमोद (प्रमोद कुमार)

-**-

कु (मुक्त काव्य)

25. ज्योत

उल्लसित विलसित असित,
चंद्र चंद्रिका लगत कलहंस।
भगत संगत राहत पाये कै,
मन्द्र मंगल लगत जीव-अंश।
विहित हित अहित न देखत,
जो न करत धरा पर विध्वंश।
भगते गते बिछुड़ते ठिठुरते,
है सबमें ज्योत का सार-अंश।

+

नीत नवनीत अनीत पुनीत,
वसुधा पर रहि कै नित्येव गावै।
अहित सहित लहीत महीत,
भुइँया मे बैठि कै सदैव ध्यावै।
प्रतीत कतीत लतीत फलित,
कानन में लहलहा कै सुहावै।
कलीत सहित अनीत आयौ,
पूरन जग में जो ज्योत बैठावै।

+

जब सारी अभिलाषा दब जावै,
जिंदगी के भागदौड़ फेरे में।
तब दिलासा भी साथ छोड़ दै,
घुप्प कालरात्रि के अंधेरे में।
सुख-दुख में अंतर समझा कै,

देह रहा कइयों शक के घेरे में।
कई पीड़ाएं तो सता सता कै,
ज्योत छोड़ गईं सुख के डेरे में।
+

जब मन में भेदभाव भर जाता,
स्वयं से बड़ा न कोई दिखता है।
जब रोम-रोम में स्वार्थ समाता,
तब मन अंदर नित्य चीखता है।
जब तक कोई विज्ञ विशारद,
सच को नहीं कभी सहलायेगा।
तबतक वह निज मोह छोड़ कै,
विश्व बंधुत्व ज्योत न जलायेगा।
+

असली स्रष्टा औ मानव-चितेरा,
बन जाता जगत में आईना-गर।
वह जगत -हितकारी कार्यों में,
कभी नहीं करता अगर-मगर।
मानव- मानव के सत चरित्र में,
धरा पर दिखता बहुतेरे अंतर।
परंतु, निज चरित्र निर्माणकर्ता;
ज्योत जलाने का देते हैं मंतर।

-**-

26. मौन विरंचि

पर्ण झड़ते गए, विटप से,
इसमें पुनः नये-नये पर्ण उग आते।
देह-अंश झड़े, क्षंटप से,
आह! बिछुड़न के बाद कभी आते?
जोड़, तोड़, बिखरन, सयुंजन,
नित्य होता है, होता रहेगा।
विस्मय-विघटन से होते हुए,
देह अस्तित्व खोता रहेगा।
अंतहीन....इक शून्य की ओर
झाँकने का मौका भी कहाँ?
अतल, वितल, सतल, पाताल
रसातल नष्ट होते हैं जहाँ।
स्वस्थ विचारों को हमने
कभी दिया नही जमने
आगे बढ़ते जाने का शपथ खाया
मौन विरंचि ने ही है पथ दिखाया.

+

सपत्न दिखता क्या?
देह के अंदर
वैरी जलन-सपई न निकली,
आँत से।
सपेद झूंठे अनष्ट्य,
बेहद पेंचें

किंकणी गले में पहुँची,
निकली दाँत से।
नीहुँछ दिया
पूज भी लिया
सप्तदेवियाँ, सप्तमातृकाएँ
वैष्णवी, कौमारी और माहेश्वरी
चामुंडा, ब्राह्मी, वाराही व ऐन्द्री
चूम लिया मिट्टीधुरी
घूम लिया सप्तपुरी
अयोध्या, मथुरा, द्वारका, कांची
उज्जयिनी, हरिद्वार और काशी
+

ज्योंही देखा सर्वदेव को
इस नश्वर देह के अंदर.
लोक परलोक सहित मिले
मौन विरंचि औ नृप पुरंदर.

-**-

27. आगे की सुधि लेहु

माँ के गर्भ से बाहर आते, कुछ तो चिल्ला लेहु।
बीती ताहि बिसारि दीजिए आगे की सुधि लेहु।

+

दो-तीन वर्षों तक लगातार माँ का दूध पी लेहु।
बीती ताहि बिसारि दीजिए आगे की सुधि लेहु।

+

तीन से पांच वर्षों तक थोड़ा मिट्टी में खेल लेहु।
बीती ताहि बिसारि दीजिए आगे की सुधि लेहु।

+

पांच से सात वर्षों तक साथियों संग खेल लेहु।
बीती ताहि बिसारि दीजिए आगे की सुधि लेहु।

+

सात से बीस वर्षों तक सर्वशास्त्र पूर्ण पढ़ लेहु।
बीती ताहि बिसारि दीजिए आगे की सुधि लेहु।

+

बीस से पचीस के बीच में आत्मनिर्भर हो लेहु।
बीती ताहि बिसारि दीजिए आगे की सुधि लेहु।

+

पचीस की आयु से आगे बढ़िया सेवा कर लेहु।
बीती ताहि बिसारि दीजिए आगे की सुधि लेहु।

+

सबकी सेवा करते हुए, निज संतुष्टियाँ पा लेहु।
बीती ताहि बिसारि दीजिए आगे की सुधि लेहु।

+

संतुष्टि-साथ घर-गृहस्थी से निजनाम कर लेहु।
बीती ताहि बिसारि दीजिए आगे की सुधि लेहु।

+

सब लोगों की अच्छी सेवा निजसेवा मान लेहु।
बीती ताहि बिसारि दीजिए आगे की सुधि लेहु।

+

सेवोपरांत दिव्यलोक प्रस्थान की राह गह लेहु।
बीती ताहि बिसारि दीजिए आगे की सुधि लेहु।

+

दिव्यलोक गमन करते वक्त रामनाम जप लेहु।
बीती ताहि बिसारि दीजिए आगे की सुधि लेहु।

-**-

28. सबने मुंह फेर लिया

चकाचौंध के मोहजाल में फंसके,
अपनों ने ही समझने में देर किया।
कष्टदायी, दुख की जब घड़ी आई,
सबने अचानक मुंह फेर लिया।
हाँ, सबने अचानक मुंह फेर लिया।

+

लवों पर सबके बसे बोलियों ने,
नव दृष्टियाँ वैभव को तोड़ दिया।
हरपल दिवास्वप्न दिखाके सबने,
दुख-सागर मझधार छोड़ दिया।
हाँ, सबने अचानक मुंह फेर लिया।

+

श्रेष्ठ आचरण से अनुप्राणित हो चला तो,
सारे रिश्तेदार एक-एक कर छोड़ गए।
अलौकिक निश्छल प्रेम नजरअंदाज कर,
सब मिल सारे रिश्ते-नाते तोड़ गए।
हाँ, सबने अचानक मुंह फेर लिया।

+

आया था निष्ठा, प्रेम, प्रणय-भाव लेकर;
पर सबने एक-एक कर इन्हें मरोड़ दिया।
आकांक्षात्मक भव्य भविष्य-प्रासाद रौंद,
सबने जिंदगी खंडहर बनाके छोड़ दिया।
हाँ, सबने अचानक मुंह फेर लिया।

कु-कुहेलिका

-**-

29. होली-परिवेश
(कथाकाव्य)

कश्यप ऋषि पुत्र हिरण्यकश्यप,
जन्म लिया 'दिति' के गर्भ से।
हिरण्यकशिपु नित्य चूर रहता,
अपने बल अहंकार और दर्भ से।

+

कशिपु का विवाह हुआ था,
कयाधु नामक एक सुकन्या से।
दोनों दीन विहीन हो गए थे,
आह्लादकारी विचार- धन्या से।

+

दोनों की एक सुता सिंहिका थी,
पाँच पुत्रों में प्रथम संह्लाद था।
अन्य शिवि, वाष्कल, आह्लाद था,
और सबसे छोटा सुत प्रह्लाद था।

+

ब्रह्मा की पूजा-अर्चना करके वह,
हर गुण क्षयकारी वर प्राप्त किया।
दुनिया के समस्त दोषों को वह,
मन घमंड-तरंग में व्याप्त किया।

+

ब्रह्मा उसे अकाट्य वरदान दिए कि,
वह न मर सकता किसी देव दानव से।

नाग पशु से भी वह नहीं मर सकता,
और न ही धरती के किसी मानव से।
+

ब्रह्मा से उसे यह भी वरदान दिया कि,
वह न मर सकता अस्त्र-प्रहार से।
आकाश पाताल धरती के कोई प्राणी,
मार नहीं सकता उसे शस्त्र-वार से।
+

न तो कोई उसे दिन में मार सकता,
और न ही कोई मार सकता रात में।
न हीं उसे घर के अंदर मार सकता,
और न बाहर, अंधकार या प्रात में।
+

अजर-अमर होने का वरदान पाके,
उसने शुरू किया भू पर अत्याचार।
संसार के सारे अच्छे प्राणियों से,
वह करने लगा अनैतिक व्यवहार।
+

धरती के सारे प्राणियों को वह,
'कशिपु' जपने का दिया निर्देश हरदम।
जो भी उसका नाम नहीं जपता था,
उसके ऊपर वह फेंका करता कर्दम।
+

उसका पुत्र, प्रह्लाद, बन गया था,
भगवान श्री-हरि का बड़ा भक्त।
दिन-रात वह प्रभु का नाम जपता,
नित्य वह रहता था उनमें अनुरक्त।

+

प्रह्लाद की अकथ्य हरि-अनुरक्ति देख,
हिरण्यकश्यप को काफी गुस्सा हुआ।
'ॐ' हरिहर के विरुद्ध होने के कारण,
उसका बुद्धि-विवेक सब भुस्सा हुआ।

+

प्रह्लाद को उसने जल में डुबोया,
कई बार फेंकवाया पहाड़ से।
किंतु हर बार प्रह्लाद बच जाता,
भगवान श्रीहरि के प्रेम-दीदार से।

+

हिरण्यकश्यप की बहन होलिका,
जो थी बड़ी सुंदर और सुशील।
पर भाई ने अपने झूठे अहं से,
बहन को बना दिया असहनशील।

+

होलिका भगवान अग्निदेव की,
बहुत बड़ी दृढ़ पुजारिन थी।
अग्निज्वाला की आशीष से वह,
लगती बड़ी ताजा-तरीन थी।

+

प्रह्लाद की हरिभक्ति देख हिरण्य,
बहन होलिका को दिया आदेश।
"प्रेम रागादि उत्पन्न करना छोड़,
दो प्रह्लाद को भक्ति मुक्ति संदेश।"

+

अपने मन में प्रलोभन का फूल,

हिरण्यकशिपु ने खूब खिलाया।
बहन होलिका को वह आगे,
प्रेम-आदेश का घूंट पिलाया।

+

"वसंत श्रेयसी फाल्गुनी पूर्णिमा को,
तभी तुम्हारी शादी का कंज खिलेगा।
जब भतीजे प्रह्लाद हेतु तुम्हारे मन में,
अग्नि में भस्म करने का रंज मिलेगा।"

+

होलिका को पवित्र अग्निदेव से,
विशेष कवच-कंबल प्राप्त था।
किसी को इसमें भस्म करने हेतु,
वह्निदेव का संबल प्राप्त था।

+

ज्योंही होलिका निज कवच के साथ
प्रह्लाद को ले दव-लौ में प्रवेश किया।
हरि की कृपा से होलिका-कवच उड़,
प्रह्लाद-देह में तीव्र-रौ आवेश किया।

+

ईर्ष्या,द्वेष,घमंड,दर्प,डाह आदि संग,
अधर्म विकार भी जलकर राख हुआ।
श्रद्धा,आस्था,प्रेम,स्नेह, दृढ़-निश्चयन,
वर्षा हेतु, वासंती नभ में सुराख हुआ।

+

प्रह्लाद मनोकामनाएं पूरित हुईं
जगत की परेशानियां सब दूर हुईं।
पर कश्यप की देह ज्ञान शक्तियाँ,

तनिक भी नहीं चकनाचूर हुईं।

+

होलिका दहन की रात कश्यप,
भांग के नशे में चूर हुआ।
जगत में किए गए सारे कर्म,
उससे हटके काफी दूर हुआ।

+

अनुजा-दहन के दूसरे दिन हिरण्यकशिपु,
मांसमदिरा ग्रहणकर प्रहलाद को मारने गए।
उसी वक्त नारायण नृसिंह रूप धारण किए,
वे भक्त प्रहलाद को बचाने और तारने गए।

+

गोधूलि बेला में खंभे से निकल, चौखट पे आके,
नृसिंहेश्वर ने हिरण्यकशिपु को मारा था।
प्रहलाद के माध्यम से, भक्ति की महिमा बचाके,
धरती वासियों को, दिया संदेश अति न्यारा था।

+

हरि के उस सुंदर न्यारे में छिपा था,
रंगबिरंगी आहलादकारी वैचारिक संदेश।
रहस्य था "भू से सारे बुराइयों को हटा,
सभी मिलजुल बनाएं अच्छा परिवेश।"

-**-

30. धकधक

जिंदगी की राह में, हम तो रास्ता भटक गए.
अटकना कहीं और था, कहीं और अटक गए.
+
सूर्य देखने की इच्छा थी, पर चंद्रमा को देख लिया;
वृहस्पति जाने के क्रम में, हम मंगल पे लटक गए.
+
बुध की धड़कनें सुनकर, शुक्र-धंध संग हो लिया;
शनि-उपग्रह पत्थर-कलियाँ, हृदय ऊपर चटक गए.
+
छलछलाती हुई धारा की, चरथ चाल न पता थी;
तौलना था गंगा नदी को, पर नाला को घटक गए.
+
शांत सागर नापने चला था, पर सावलेप नाप लिया;
साराल मिलने के फेर में, सामत के सामने सटक गए.
+
धरा-धारणकर्ता नाग से, मिलने की उत्कट इच्छा थी;
पर मिल गए ऐसे नाग, कि हिस्से का दूध गटक गए.
+
धकधक कलेजे की, दोस्तों! कोई न सुननेवाला;
उल्टे सत्य के मार्ग में आके, हृदयहीन धड़क गए.
+
जगत-वस्त्र सिलने चला था, बढ़ा भी आशा में;
पर उन्हें सिलते-सिलते, निज कपड़े दड़क गए.

+

बनने की प्रबल इच्छा थी,वसुधा का महाभियंता;
पर धर्म-धूम के चक्कर में, बन महर्षि चरक गए.

-**-

31. अंतर्दृष्टि बनाम बाह्यदृष्टि

कभी दूसरों का हक न खाना है
ईश्वर के घर में एकदिन जाना है
दिल की खोट पे वसन लाना है
निर्ममता की हद सदा भगाना है
अंतर्दृष्टि पाल जो सबका दुख भगाता.
है धरा पे वही,मानव का श्रेष्ठ विधाता.
कुछ लोग भूख से बिलबिला रहे हैं
परंतु कुछ हैं कि खिलखिला रहे हैं
मेढ़ी की आशनाई झिलमिला रहे हैं
कुछ निज कर्मों से तिलमिला रहे हैं
बिना देरी, भूखे को भोजन देना है.
कमजोरों के दुःख को, हर लेना है.
बिना किसी को ठगे, करने प्रेम बुवाई
चिथड़े पहनने से नहीं होती रुसवाई
हारने नहीं,यदि दबंगों की हो सुनवाई
फटे चिथड़े में भी,करनी है दिलरुबाई
तब जाकर कोई नर,होगा कलयुग का राम.
होगा सबके दिलों में, राजकर्ता घनश्याम.
सत्य के सामने कायर नही बनना है
बुरे विचारों के समक्ष नित्य ठनना है
दिखावे हेतु दिल में प्रेम न जनना है
सिर्फ अपने बलबूते सर्वत्र तनना है

जब ये सारी बातें, हृदय में घर कर गईं.
समझें, डाह औ निंदनीय-क्रिया मर गईं.
मन,भू के मानव में रम जाता है
सारे गलत विचार थम जाता है
वहम-निःसृति भी लम जाता है
कुचक्र सर्जना भी कम जाता है
तब समझें हमारे सारे गम दूर हो गये.
और अभिशप्त मन वहम फ़ुर हो गये.
हृदय से निकले उच्छ्वास से
बहुत भारी मन के प्रश्वास से
बाहरी दबावों के विश्वास से
फेंफड़ें से निकलती साँस से
जब कुदृष्टि ही पहेली बुझाती है.
तभी बाह्यदृष्टि-प्रसून मुरझाती है.

-**-

32. धरती पे राजत करो

सभी से तुच्छ बनकर, सदैव सत्य की हिफ़ाज़त करो.
अपने साथ-साथ जहां उन्नति हो, मुदामी हाजत करो.
+

मददख़्वाह की मदद कर, होना अमन चैन बोसताँ;
दुखदायी पलों में, असीम शांति की इजाज़त करो.
+

ऐसी मजिलगाह में जाने, जहाँ मजिलत मिलती हो;
मानवता की दस्तकारी बनाकर, सुदृढ़ जाजत करो.
+

खुशरंगी कितनी भी अच्छी हो, ख़ुशरई आ नहीं पाती;
है जलना नहीं ऐसा कि, फूंक-फूंकके उसे पाजत करो.
+

ख़ुदशनासी ऐसी रख 'गंवरु' कि, ख़ुदशिकनी बनी रहे;
सबके लिए दिलदार बनकर, तुम धरती पे राजत करो.

-**-

33. आई.ए.एस.-आई.पी.एस.

(सत्याक्ष)

तेजतर्रार लड़का आई.ए.एस. बना
प्रशिक्षण के दौरान पसीना से सना
बाल उसका था घुँघराले और घना
टाई सूट में सर्वदा लगा रहता तना
फील्ड ट्रेनिंग में उसे लगा अहं-चस्का।
कलक्टर का ही लगाता था मस्का।
शुरुआत में खूब किया फील्ड दौरा
सब पे मारता रहता बातूनी हथौड़ा
खाता नही कदपि तनिक भी कौरा
शुभ न मानता था जनता का पौरा
मीडिया वालों से न होता परेशान।
मीडिया समक्ष बनता सुंदर इंसान।
मीडिया उसी के पीछे लगी रहती
चलती औ चमक के लिए कहती
आगे पीछे चौंधती पुतली रहती
जन-भीड़ निर्झरिणी खूब बहती
कागज पे कार्य संबंधी खूब लिखता था।
परंतु हकीकत से कोसों दूर दिखता था।
शादी होते ही जिलाधिकारी बन गया
जाती रही उसकी सारी शर्मो-हया
आ गई अब उसमें चालाकी-कलया

कई प्रकार से बन गया वह अतिशया
फील्ड दौरे का फोटो खिंचवाने लगा।
मुख्य सचिव जी को भिजवाने लगा।
कार्य करते समय वह फोटो खिंचवाता
धरातल से उसका नही था कोई नाता
अपने कोट में वह सुंदर पिन लगवाता
बढ़िया जूता पहनकर अतीव सुहाता

+

गाड़ी हाँककके हंटर-रोब में पत्नी आई।
ऑफिस में ही कर दी खूब खिंचाई।

+

पत्नी बोलीं आई.ए.एस.से, "आहें क्यूँ भरते
बढ़िया पद होते हुए भी, दिखावे क्यों करते
कर्म-शिल्प के निर्माण में, आप क्यूँ अखड़ते
जनसेवा को छोड़, आप दुष्चक्र में क्यूँ पड़ते
काम कीजिए, प्रभा मेघा धृति के बल।
हिम्मत तो बढ़ेगी ही, नही होंगे निर्बल।
प्रिये! कर्मपत्थर से मजबूत कोई खवा नही
लोक सेवाओं से मनोहारी, कोई दवा नही
कामधेनु से शोभनीया कोई गवा नही
कर्म-लौह से बेहतरीन तो कोई तवा नही
नेकी और सत्कर्म पथ पे बढ़ते जाएँ।
अच्छा काम करके जनता को बताएँ।
कभी किसी मामले में गलत रिपोर्ट न भेजें
सदैव सबसे ऊपरवालों के परमादेश सहेजें
खुसफुसाहट दूर करने के लिए कान गेजें
भूलकर भी आमजन के हित को नही तेजें

परम कृपादृष्टि से लोक अंग-अंग खिलेंगे।
आपके प्रयास से लोगों को न्याय मिलेंगे।"

+

आई.पी.एस. पत्नी की बातें थी बड़ी कठिन
आई.ए.एस. पति को लगी बातें थोड़ी नवीन
आई.पी.एस पत्नी की बातें बनाया उसे दीन
आई पी.एस.पत्नी के सामने हो गया जीन
पत्नी के सामने अपना मुख खोला।
विनम्र होकर लोकहित वाणी बोला।
"प्रिया!आपकी शुभेच्छा से सर्वत्र नेकी लाऊँगा
आमजनों के दुख दर्द को सर्वदा ही भगाऊँगा
दिनानुदिन उत्तम कार्य करके सबको बताऊँगा
सिर्फ कार्यों की बदौलत जनता को लुभाऊँगा
जनसेवा करते हुए अहंकार न पालूंगा।
जनता के पाँव को दिन-रात प्रक्षालूँगा।"

+

पत्नी उक्त सुनकर एकदम उछल पड़ी.
ऊपर तौर पे आगे कहते हुए चल पड़ी.

+

"वाह! आपमें खूबसूरत सोच आई
किसी प्रकार से पदवी में न मोच आई
मन मे आपके दिव्यज्योति टोच आई
मेरे मन में आपके प्रति प्रेमलोच आई।"

-**-

34. फुर्तीली पूस की सर्दी

ओहो! फुर्तीली पूस की सर्दी,
सारी दुनिया को घेंकुचाती है.
कड़ाके छेहूँकी से मार-मार,
थरथराहट देकर तड़पाती है.
+

ठंढ रूपी सोंटा ले यह घूमती
फिरती, हाथ को रगड़वाती है.
कपाड़ में टोपियाँ डलवाकर,
नरेट्टी में मफ़लर लपेटवाती है.
+

शरीर में स्वेटर,जैकेट पहनवाती,
आलस बढ़ाके काम टलवाती है.
बैठे-बैठाए ही कंपकपी देकर,
रजाई, गद्दा, कंबल ओढ़वाती है.
+

तुम लिच्चर बन फटवाती ठोड़;
उखाड़ देती है ऊष्मा का सोंड़;
सोये को न जगने दे तेरी भोर;
नाक से निकलवा देती हो लोर.
ओहो! फुर्तीली पूस की सर्दी!
लगाती हो, कैसी-कैसी वर्दी!
+

जलने वाले को बनाती भितरघुन्ना;

फलने वाले को बना देती हो मुन्ना;
आलसी के हाड़ कंपा करती सुन्ना;
बुड़बक को बनाती गज़ब का टुन्ना.
ओहो! फुर्तीली पूस की सर्दी!
तू गरीबों, बुजुर्गों को देती गर्दी.

+

जिन घरों की डिबरियों में न है तेल;
उनमें खेण्डा लपेटवाकर बढ़ाती मेल;
बिन लबड़-लबड़ किए करती खेल;
रबी फसल के इनार में गुण देती ठेल.
ओहो! फुर्तीली पूस की सर्दी!
ठंड से तड़पा-तड़पा, लगवाती हरदी.

+

पूरबा बयार बहाके अकबकाती तुम;
पछुआ बयार बहाके कनकनाती तुम;
उतरा बयार बहाके धड़फड़ाती तुम;
ठंढी बढ़ाके गृहस्थों को भरमाती तुम;
ओहो! पौषी सर्दी! कहर बड़पाती हो.
कड़ाके की ठंढ तू लाकर तड़पाती हो.
अब जरा हटा दो अपनी जर्दी;
ओ री! फुर्तीली पूस की सर्दी!

-**-

35. धन्य-धरणी

विश पिंडिका सुरभित नारी, हैं रही देख जगत ओर।
हैं नज़रें छाँव उनकी शीतल, पसरी जमीन पे चहुँओर।
है खुशी बदली घुमड़ती ऊपर में, फैली चतुर्दिक छोर।
मचली मंडप,मन नव सृजन को, रिद्धि सिद्धि के क्रोर।
+

पाप हरण धरणी धरण को, मन मांदी सदा अकुलाय।
प्रसिद्धि,निंदा,भय से अभय हो; बढ़ती धरती पे जाय।
शम हो सबको सम समझते हुए, किसी को न सताय।
औ होके शुभ आनंद मग्न, दूसरों की ख़ुशी में अघाय।
+

पितृ-गृह सर से निकलके शर धर, नुजूम मेंहदी जारज।
शूर सुर मिला सुर बनीं, करतीं सुधा सम सुधी कारज।
दुख हाला खुदी गटक जातीं,तम-विष करतीं हैं धारज।
सकल व्याधि-शकल वेला करके, सही बेला पे मारज।
+

सरस सलील होके भी, न उतारतीं किसी का सलिल।
जो जी कटु कंठ पथ आवै, हैं सहर्ष जाती वह लील।
भू-तक्र खट्टेपन हटाने को, करतीं तर्क सहित अपील।
गृह-धर्म संस्थापना हेतु, नहीं करतीं हैं कभी ज़लील।

-**-

36. चटाई का लहंगा

(लोकोक्ति-काव्य)

जो मानते हैं, बाप बड़ा न भइया सबसे बड़ा रुपइया।
अंत समय उन्हें नहीं मिलता, जीवन के नैया खेबइया।

+

जिनके मुंह मे राम है और बगल में छूरी।
बनाकर रखिए हमेशा उनसे काफी दूरी।

+

बिना सुकर्म के सबकुछ होता महंगा।
शौक़ीन बुढ़िया के चटाई का लहंगा।

+

इस दुनिया में केवल दिखावा होते जिसके।
मतलबी यार किसके, दम लगाके खिसके।

+

सत्य के राही को, कालिख़ कोठरी काँच क्या?
कर्मयोगी को डर क्या? साँच को आँच क्या?

+

सच्चा व्यक्ति नहीं करता है पीछे से आघात।
होनहार बिरवान के सदैव, होत चीकने पात।

+

सबके हितकारी को, जग में ख़ूब तरक्की होय।
उन्हें हर्रा लगे न फिटकरी, रंग चोखा होय।

+

धरती पर मान्यता है, केवल कर्म के प्रहार की।

• 73 •

सौ प्रहार सुनार की, किंतु एक प्रहार लुहार की।

+

बातचीत भले न करें, पर सबको समझें मीत।
जग में, मन के हारे हार है मन के जीते जीत।

+

किसी की मदद करके, करें निज मदद का ख़्याल।
अपनी फ़ितरत बना लें, नेकी कर दरिया में डाल।

+

जो दिखाते हैं इस जगत में, नित सबको झूठा सपना।
उनके भाव होते, राम नाम जपना पराया माल अपना।

-**-

37. अपनी डफली अपना राग

हे सोशल मीडिया के मर्मज्ञ!
आपसे मन की बात पूछता हूँ।
आप हीं की सारी बातों को,
आपकी देह चहुँओर अंगूछता हूँ।
क्या सोशल मीडिया हीं सबकुछ?
जिसपर ज्यादा वक्त गुजारते हैं।
अपने घर परिवार हेतु, वक्त न दे;
ढीशुम ढीशुम कर सब उजारते हैं।
+

यदि आपका जवाब 'हाँ' है तो,
सबको हँसाते औ गुदगुदाते जाइए।
हाथ पैर भी अपना नहीं चलाइए,
किसी के दुख-दर्द न भगाते जाइए।
हींग धींग के ऊटपटांग बातों से,
आलोचना, तारीफ़ करवाते जाइए।
आसपास गलत देखके, बिन बोले,
अपने धुन पर धुनी रमाते जाइए।
+

यदि जवाब 'नहीं' में है, तो बैठिए,
बच्चों, पोतों और पोतियों के पास।
बैठ जाइये थोड़ी देर के लिए,
अपढ़, अनपढ़ मोतियों के पास।

विश्वास भी बढ़ेगा देश-समाज में,
बहुत कुछ सुधार होगा इससे।
हँसते जाइए खिलखिलाते जाइए,
उन्नति, हृदय-उद्धार होगा इससे।
+

यदि आपका जवाब हाँ भी है,
और नहीं भी है तो-
परिवार से मिलना छोड़ दें,
मत खेलें हँसी मजाक फाग।
और सर्वदा अलापते जाइए,
अपनी डफली अपना राग।

-**-

38. ओ जाड़े की धूप गुनगुनी!

ओ जाड़े की धूप गुनगुनी, फैला दो तन में प्रकाश।
मन भी प्रफुल्लित हो तुमसे, करा दो दम एहसास।
भू पे तुम्हारे होने से, सबको हो देह-दिव्य आभास।
कितनी भी झंझावातें हो भू पे, बने रहो तुम खास।

+

ओ जाड़े की धूप गुनगुनी! देती हो अगोचर सुख।
तेरी बिखिरन देख देखकर, प्रज्वलती हमारी रुख।
खिली-खिली मादकता बिखेर, हरती ज़ुकाम दुख।
प्रेम पगित पवन में विहारती, होती न जग विमुख।

+

ओ जाड़े की धूप गुनगुनी! जब तुम देह-द्वारे पधारे।
खोल देतीं सारी खुशियाँ किंवारें, थरथराहटें संहारे।
नृपेंद्र विटामिन डी नृपेंद्र पधारे,ठंढ भी न आवे आरे।
हैं कोसों दूर भाग जाते, आलस और ठिठुरन सारे।

+

ओ जाड़े की धूप गुनगुनी! तू जिधर देती हो निहार।
प्रणय-प्रज्वलन भी उसी ओर होके, करते हैं विहार।
चोलियाँ लहरातीं देह-गोपियाँ की, टपकतीं हैं लार।
मन कुरूपताएँ भी विनष्ट होके,लगाती हमें बेरा पार।

+

ओ जाड़े की धूप गुनगुनी! तन प्रेम पुष्प खिलाती हो।
रसवती होके जग में, सबको स्वास्थ्य मधु पिलाती हो।

जीर्ण-तन दुपट्टे सँवारके तुम,उर को खिलखिलाती हो।
प्रवर प्रखर प्रमुदित फलियों से, तू सबको जिलाती हो।

\+

सबको जिलाना है धरती पर, ओ जाड़े की गुनगुनी धूप!
तुम्हारे सामने कोई न ठहरेगा, चाहे हो रंक या हो भूप।
समभाव से तू भू संवारती, चाहे कोई कितना हो कुरूप।
हाड़ कंपाती ठंढ तुमसे डरती, तू सचमुच है भू अनुरूप।

-**-

39. अंतस्-वह्नि-ज्वाल

(संभाविकाएँ)
ओह! न जाने
जीवन-युद्ध संश्लिष्ट तन
आकुलित अक्लिष्ट मन
इक प्रणाली से
बंद जाली से
सिलसिला छोड़के
विचार मट्ठा घोड़के
क्या बो गया?
किधर खो गया?
पस्त रहता था
मस्त रहता था
स्वप्नों के आगोश में
निजपन पालपोष में
बिन पाले गम
शार्दूल सम
समेटे शक्ति अथाह.
+
जो था निरा
अतीव सिरफिरा
था भी तों दूजक
सज्जन प्रतिपूजक
गुजरा हृतल से

वैचारिक मल से
इक शाद्वल सोच से
मन मुताबिक मोच से
सुख अभिसिंचित था
दोलन न किंचित था
रत रहता था
विरत रहता था
गुण के तपोवन में
सिद्धाश्रम जन में
जीवन की बगिया में
जग सिद्ध लगिया में
गाते हुए था नाह.

+

जीवन के मर्मज़ को
भू धारण धर्मज़ को
सां सारिक कर्मज़ को
ब्रह्मांडज़ औ विश्वज़ को
संसार रस के रसज़ को
किंवा जीवन प्रेमज़ को
ठौर किंचित मिलता है
मौर सिंचित मिलता है
बिना कोई धौन्स के
बराबर एक औन्स के
जग-गढ़िया से
मग-बढ़िया से
किसी क्षेत्रज़ के पास.

+

धुन गाए रहता
नित लगाए रहता
विस्मित चकचकी
पुष्कली टकटकी
उस नीलांबर की ओर
बिना कोई जोर शोर
वसुधा से
सुविधा से
रमन को
मिलन को
स्यात् आता
पश्चात् भाता
फिर विवाह
गहराई अथाह
नाप बढ़ने की
ऊपर चढ़ने की
रहती बड़ी आस.
+
जीवन की
विवाह में
लाग लाह में
है इक जनमासा
सामान्य बतासा
जहाँ सब ठहरते
पर चिंता न हरते
सब बतियाते हैं
फुसफुसाते हैं

पर बिन लंदफंदों के
और जरूरतमंदों के
दुखड़े कदाचित् ही हरते हैं

+

ओह! क्या गज़ब है!
दुनिया बड़ी अजब है
नशेरी है ये दुनिया
गँजेरी है ये दुनिया
जहाँ सब बकते हैं
बुराई में न थकते हैं
सब सरसराते हैं
औ खुसफुसाते हैं
पर कर्म-फल को
सच्चे ज्ञान-जल को
जगकूप में किंचित भरते हैं.

-**-

40. हिय-राधा

(हाइकु)
भोर भिन्सारे
यमुना के किनारे
चली है राधा

×

कालिंदी तट
खोल के प्रेम पट
मुग्ध हैं कृष्ण

×

माधव हँसे
राधा प्रेम में फँसे
चिर शांति को

×

राधा मुस्काई
देख कान्हा तन्हाई
भींगी शर्म से

×

शर्म के मारे
कालिंदी के किनारे
हो गई लाल

×

राधा को देख
लिए प्रेम का लेख

कन्हैया बोले

×

राधे! तू क्यारी
हो हृदय हमारी
हिय में बसो

×

वक्षस्थल में
मेरे कर्मफल में
तेरी ही छवि

×

उस छवि को
औ सत्कर्म रवि को
सहेजूँगा मैं

×

ओ! हिय राधा!
हटा लौकिक बाधा
दे दो दिव्य लौ

×

तभी लोकों का
सत्य कर्म झोंकों का
उद्धार होगा

-**-

41. संजीवनी हिंदी

(हाइकु)
हिंदी दिवस
दस जनवरी को
मनाएँ खूब.

+

हिंदी जरूर
है समंदर भाई
तो जाएँ डूब.

+

ख़ोजकर्ता को
हिप्पोक्रेट्स कहो
हिंदी के लिए.

+

नहीं है हिंदी
एपिडमियोलॉजी
बिंदी के लिए.

+

हिंदी-जलधि
कलकल करता
तरने हेतु.

+

हिंदी है स्वर्ग
रोशन कंदील में

धरने हेतु.
+
मुही है हिंदी
है संजीवनी दायी
सदा के लिए.
+
बली है हिंदी
हिं-हनुमान हेतु
गदा के लिए.
+
आओ मिलके
भई! हँसों हँसाओ
मातु हिंदी में.
+
आओ ठिलके
झूम लो, इतराओ
धातु हिंदी में.
+
हिंदी हमारी
है रसायनवटी
शम धातु है.
+
भगाती यह
मानसिक बीमारी
दम रातू है.
+
दम लगाके

हइका बतियाएँ
शुद्ध हिंदी में.

+

छोड़ें अशुद्धि
बइका गतियाएँ
क्रूद्ध हिंदी में.

+

मिलेगी तुष्टि
आत्मतुष्टि मिलेगी
बोल हिंदी में.

+

गर्व करें जी
उच्च शिखर लगा
हिंदी बिंदी में.

-**-

42. क्रिप्टोकरेंसी

(सत्याक्ष - कटाक्ष)

आज कल क्रिप्टोकरेंसी भी, कई रूपों मे है प्रसिद्ध।

वैलेट और एक्सचेंज-वे द्वारा, कार्य करने मे है सिद्ध।

एथेरियम,रिप्पल,बिटक्वाइन; करता है सबको विद्ध।

क्वाइनस्विच,क्वाइनडीसीएक्स दोनों काफी असिद्ध।

+

बाययूक्वाइन, यूनोक्वाइन मे; सक्रिय ख़ूब है बिचौलिए।

जब भी कभी क्रिप्टोकरेंसी लें; अपने-आप को तौलिए।

भूल से भी क्रिप्टोकरेंसी फेरों मे, यदि आप कभी पड़ते;

ठोक बजाएँ, न ठगे जाएँ; खिलाफ भी कुछ तो बोलिए।

-**-

43. कु

उर्वर औ उपजाऊ धरती, हरी फसल परिपूरित धरती।
बाग में लहलहाती धरती, है 'कु-कीलें' सहेजे धरती।
अखिल जगत-भार सहते हुए, बल भेजा में भेजे धरती।
+

'कु-ज' घने-घने धारे धरती, ऊँची नीची परती धरती।
पथरीली औ पीली धरती, पंकीली औ नीली धरती।
कुम्हरीली मृदा से सज्जित, चिम्मर हमें बनाती धरती।
+

लहराते पौधे युत धरती, हवा-मस्ती नशा-धुत धरती।
नदियाँ सागर धारे धरती, दुनिया-नीर सहारे धरती।
लाल गुलाबी मिट्टी धारे, मंगल को हड़काती धरती।
+

सिंधु सागर गरजती धरती, नभ की ओर लड़जती धरती।
मोती माणिक देती धरती, दिश प्रामाणिक देती धरती।
सोना हीरा पना उगलके, रत्नगर्भा कहलाती धरती।
+

दलहन तिलहन देती धरती, हाँसी सिलहन देती धरती।
हरेक अनाज देती धरती, हरेक रिवाज़ देती धरती।
पूरी जिंदगी संभाल के, गोदी में हैं लेती धरती।
+

अमर प्रेम की कुँज है धरती, कु-लीन दाता पुंज है धरती।
कु-कम्य क्षमायुक्त है धरती, सुरम्य रमायुक्त है धरती।
प्रेम से अपने अंक में ले, गहरी नींद सुलाती धरती।

(कुकील ~ पहाड़, कुज ~ पेड़/वृक्ष, कु ~ पृथ्वी/धरती)

-**-

कुहेलिका (मुक्त काव्य)

44. खुशियाँ

जहाँ की पावन धरती पे, गंगा की धारा बहती है।
सबके दिलों से होकर, सुगंधित समीर बहती है।
औ जहाँ अति विशिष्ट गंगा-जमुनी तहज़ीब रहती है।
वह भारतभूमि है,जो प्रेमपुष्प बिखेरने को कहती है।

+

इस पुनीत भूमि के उत्तर में, नगाधिराज भालते हैं।
कलकल करते पयोनिधि, जिनकी पांव प्रक्षालते हैं।
समतल उपजाऊ जमीन,खेतों की फसल पालते हैं।
ऊबड़-खाबड़ चट्टानें यहाँ किसी को नही सालते हैं।

+

जिस धरती पर असंख्य पक्षी,नित्येव कलरव करते हैं।
पर्वतों की कंदराओं में,जीवजंतु आपस में न लड़ते हैं।
'सेवा ही धर्म है' यह बात किसी को भी न अखड़ते हैं।
ऐसी पावन धरा पे, देवता भी जन्म लेने को अड़ते हैं।

+

भारतवर्ष की मिट्टी की खुशबू, हमेशा ही मनभावन है।
भारत के समस्त लोगों के, शील आचरण भी पावन है।
यत्किंचित प्राप्त-संतुष्टि यहाँ, जनजीवन का सावन है।
तभी स्वर्ग के सारे विबुध,इस पवित्र भूमि पर धावन है।

+

हरदम नवजीवन देने को यहाँ,सर्वत्र दिखती झाँवर है।
भारतभू के चहुँओर दिखती, प्रेमाबद्धन का काँवर है।
यहाँ एक-दूसरे की सेवा हेतु,सर्वजन चलाते चाँवर है।

तभी धरती की खुशियाँ, माँ भारती को न्योछावर है।

-**-

45. शिकन

चलते-चलते जब जीवन में,
हो जाए सारी सोच शल।
हया सारी खत्म हो जाती है,
विलुप्त हो जाता हिय-सल।
जब लुप्त होता है हृदय-रस,
माथे की शिकन जाती फैल।
मन संकुचित हो जाता शीघ्र,
दूर नहीं हो पाता अंतस मैल।

+

शिकन तज आगे बढ़ने के लिए,
चीरना पड़ता है हजारों की भीड़।
किंतु, जब मदद हेतु बढ़ना है तो,
चलाने पड़ते हैं कई कितरम तीर।
अद्भुत औ अप्रतिम करने के लिए,
सृजन करना पड़ता निज किमाश।
निज कर्म-ढंग जो विकसित करते,
पाते हैं वही जगत में स्थान ख़ास।

+

शिकन है किरोध किरौना प्रतिफल,
जो इसको भली भांति समझता है।
है बड़ी-बड़ी किरिया खाकर बढ़ता,
अंतर का दीया न उसका बुझता है।
किसी को तिराना जिसे नहीं आता,

तिरिन-से टुकड़े हो बिखर जाता है।
हर शिकन छोड़ जो बढ़ना सीखा,
वह जगत में जरुर निखर जाता है।

-**-

46. प्रति - वेदना

जरूरत किसी को भोजन की,उसे मत सुनाएं प्रवचन।
भोजन दे उसे संतृप्त कराएं, निभाइये परमेश्वर वचन।
प्यासे को पानी चाहिए,नही चाहिए उसे सरोवर-स्वप्न।
धन मन ज्ञान की हेंकड़ी छोड़ें, जग हो जाएंगे अपन।

+

अभावग्रस्त को देखते नही, तो क्यों बदलते अपना वेश?
अभावों में किसी रोते हुए को, कदपि मत दीजिए उपदेश।
समय निकाल साथ बैठें, बताएं स्वयं से श्रेष्ठ होने संदेश।
तभी तो अभावग्रस्तों के जीवन में,होगा सुख-शांति प्रवेश।

+

मानव रूप धरे तो करें जग में मानवीयता-फसल बुआई।
सही मायने में,ग़ैरों से प्रेम करनेवाले छोड़ते निज चतुराई।
परोन्नति से खुश होंवें, निजोन्नति के लिए न बनें
अधिराई।
यदि संसार हेतु अच्छा किया तो, वही जीवन की कमाई।

+

औरों के घरों में ताकझाँक क्यूँ?जब निज घर में हो पाप।
निज पापों की भरपाई न करते, उल्टे सबको देते संताप।
सदा अंत समय चारपाई लगी,क्यूँ करते अनर्गल प्रलाप?
धरा पे अप्रतिम करें, ताकि जग में दिखे श्रेष्ठकर्म प्रताप।

-**-

47. जीवन न कभी सूना होगा

असहाय को खुशियाँ बाँट कर देखें
मौज-मस्ती अपनी फाँट कर देखें
जब अपना कभी दर्द दूना हो जाए
तो दूसरों का दुःख छाँट कर देखें
पक्का शानदार कूना होगा;
जीवन न कभी सूना होगा।

जीवन भर शरीर को चलाते रहें
निज लोभ मोह को भरमाते रहें
जब कुविचार सोच में घुस जाए
तो मन के भूत को भगाते रहें
वसुधा पे सुंदर जूना होगा;
जीवन न कभी सूना होगा।

काबिलियत अपनी जग को दिखाएँ
कमजोरियों को कदापि नही छुपाएँ
कष्ट झेलना भी पड़े, कोई बात नही
पर सच को मुसीबत में भी न दबाएँ
सूरत औ सीरत लूना होगा;
जीवन न कभी सूना होगा।

हीं पढ़ें कभी दोषारोपण ककहरा
जागें, बनायें दुनिया को हराभरा
देश की अपेक्षाओं पर उतरें खरा
जिंदगी भर सच्चाई पर रहें अड़ा

जीवन-जल गुनगुना होगा;
जीवन न कभी सूना होगा।
छद्मवेश त्यागके करें सच्चे लोगों का ख्याल
निज उन्नति पूर्व करें सर्व विकास पड़ताल
देश-हित हेतु बजाएं निज कर्मों का ताल
लिप्सा मोह द्वेष त्याग, बनें मिट्टी का लाल
तब कर्म-फल दूना होगा;
जीवन न कभी सूना होगा।

-**-

48. सुलझा व्यक्ति

जीवन-ताड़ पर चढ़कर जो, नित्येव ताड़ी पीने लगते हैं।
ग़ैरों का ख्याल न रखते वो, न हीं काली रात में जगते हैं।
बुरे कर्म की ख़लीश नही उन्हें, न प्रेमरंग से जग रँगते हैं।
पता नहीं चोरी-छिपे वे,किस-किस तरह से जग ठगते हैं!

+

जो निज की उन्नति औ उपलब्धि में,न भरते कदपि दंभ।
अभाग्रस्त, संपन्न, अज्ञ औ विज्ञ को, जोड़ते यथा स्तंभ।
लोक जीवन में मंगल लाने के लिए, गाड़ते हैं शुभखंभ।
वे ही सबकी जिंदगी संवारते,न देते किसी को उपालंभ।

+

जो प्रतिद्वंदि्वयों के कटु वचनों को सुनके नही बनते
उद्दंड।
लोकहितैषी और उत्तम कर्म करने में कभी न करते घमंड।
राष्ट्र-सेवा करते हुए,किसी के बारे में, नहीं बकते अंडबंड।
वे ही भू पे देदीप्यमान हो, दमक फैलाते यथा देव मार्तंड।

+

पद-पदवी,धन-दौलत,शानोशौकत कोजिसने तुच्छ समझा।
संसार की अबूझ पहेलियाँ जानके, पूरे जहान को है बुझा।
मानव-मानव बीच भेदपरक नीतियों में, कभी नहीं उलझा।
वही व्यक्ति विश्व-विकास में, माना जायेगा अति सुलझा।

-**-

49. जिंदगी बन जाएगी कुसुमित

द्रुम अंबक के अंक अंग में,
सुफलित जीवन के संग में।
बिन सुने कोई भी वाहवाही,
चलता जा डगर पे, हे राही!
मन से समझना सबको मीत।
जिंदगी बन जाएगी कुसुमित।

+

जीवन पथ पर न सुननी पद्या,
धैर्य धारण में न समाए अद्या,
बनना ऊर्जस्वित यथा चाही
अग्रसर होना मग में, हे राही!
कर देना जग को, प्रफुल्लित।
जिंदगी बन जाएगी कुसुमित।

+

पन उत्तम रख पद्व बनाएं सुख,
छल निधि तज के न होंगे मूर्ख,
कदापि न हो पाप की उगाही,
कपटी विचार छोड़ो, हे राही!
पर्यावरण को न करें क्लेशित।
जिंदगी बन जाएगी कुसुमित।

+

प्रकृति के अंक में लोटना है,

भूलके किसी को न चोटना है,
चरित्र-गंगा धारा हो सर्वग्राही,
निर्मल व निश्छल हो, हे राही!
अपना जान, जग करें श्लेषित।
जिंदगी बन जाएगी कुसुमित।

-**-

50. आदमी बड़ा जबरदस्त है

हर व्यक्ति आज, अपने में हीं मस्त है
हेंकड़ी उनमें मौजूद, पर हिम्मत पस्त है
कई निज चालबाजी में होते मदमस्त है
क्यूंकि जिंदगी हो गई उनकी लस्त है
तभी किल्लत हुई कामनाओं में व्यस्त है
वाह! सचमुच आदमी बड़ा जबरदस्त है

+

जिंदगी का हरेक समाँ है बीत गया
भविष्य तो गया हीं, है अतीत गया
रात बीत गई, है लम्हा हो ख़त्म गया
नाक रगड़ने चक्कर में हो रत्म गया
अपनों में खोय सब के सब हुआ खस्त है
वाह! सचमुच आदमी बड़ा जबरदस्त है

+

हयात ढलती रही परवाना आ गया
शाम नही बीती कि नैराश्य आ गया
निशा बीती भी नहीं, काश्य आ गया
भोर हुआ ही कि उषालास्य आ गया
फिर भी, हम अहं को नही किए ध्वस्त है
वाह! सचमुच आदमी बड़ा जबरदस्त है

+

जिंदगी में शमा जल गई

सारी बाधाएं हैं टल गई
तन-तिमिस्र बर्फ गल गई
दक्षता अग्नि में जल गई
मेहनत जीवन में फल गई
पर उपेक्षाएं यहाँ खल गई
उपेक्षा झेलकर भी, लगाते गए गस्त है
वाह! सचमुच आदमी बड़ा जबरदस्त है

-**-

51. ठान

कराट खाकर अडिग रहनेवाले, होते सच्चे भू-हितैषी।
समस्याएँ दूर करनेवाले ही हो पाते हैं जग के ओवैसी।
कुछ अच्छा करनेवाले को,किसी तरह का शर्म कैसी?
कुछ ठान लेनेवाले,विघ्नों को कर देते ऐसी की तैसी।

+

भू पे बड़ा सम्मान पाने हेतु जो न होते कदपि अधीर।
जिंदगी में आनेवाले थपेड़ों को, जो सदा देते हैं चीर।
करुणाकर की करुखी समझ,जो भाव भरते गंभीर।
उलाहने सुन-सुन के वही बन पाते असली करभीर।

+

मूर्धिन में उठी ऊर्मि-हिल्लोल, देती मन को सुनहरी लहर।
ख़ुदा-न-ख़्वास्ता प्राणमोल जग से दूर हो सर्वडाह जहर।
पर-कष्ट देख जहां के रक्षक बनाते अपनी रूह को बहर।
जगत में प्रेमखुशबू देनेवाले को कष्ट न होते आठों प्रहर।

+

स्वहित दिखा देता आर्यरूप, न लेने देता मन का आलंभ।
करिखा-युक्त ढोंगी चालबाज ही, देते किसी को उपालंभ।
हृदय से धनी मानव, धरा पे कदपि न भरते हैं झूठे दंभ।
भू पे सबको चाहनेवाले सारे कार्य करते 'शून्य' से प्रारंभ।

-**-

52. हिन्दोस्तां की नारी हूँ

न तो जग में अंधारी हूँ औ न ही मैं अनाड़ी हूँ।
जर्मीं से जुड़ी हुई, मैं हिन्दोस्तां की नारी हूँ।
+

विभिन्न पुष्प पराग हूँ, त्योहारों में मैं फाग हूँ।
मल्हारों का मैं राग हूँ, घर के लिए दिमाग हूँ।
काव्य-सृजन में गीत हूँ, जगत का मैं प्रीत हूँ;
मुझमें प्रीत जिसने देखा,उसके लिए अनुराग हूँ।
न तो जग में अंधारी हूँ ....
+

वादनों में मैं तूर्य हूँ औ वासंती सुबह का सूर्य हूँ।
सद्भाव संजोने वालों के, मन मीनारों में बुर्ज हूँ।
नर-मन की मैं शक्ति हूँ, देव-मणि की भक्ति हूँ;
कर्म-मणि संभाल के मैं बनी मणियों में वैदूर्य हूँ।
न तो जग में अंधारी हूँ ....
+

सुबह की मैं वंदना हूँ और संध्या की आरती हूँ।
ममता दया संजो कर, इस संसार को तारती हूँ।
मुझसे भले ही जग रूठे, पर मैं न रूठती कभी;
रूखापन रूठेपन सहते हुए,जग को संवारती हूँ।
न तो जग में अंधारी हूँ........
+

संपूर्ण जग समाया मुझमें, सन्मग समाया मुझमे।
प्रेम धग समाया मुझमें, सुंदर भग समाया मुझमें।

जननी हूँ जगत की मैं, सुरम्यता मुझमें है रमती;
इस सुरम्य संसार का,जगमग नग समाया मुझमें।
न तो जग में अंधारी हूँ ....

+

मान संधान किया मैंने, सम्मान संधान किया मैंने।
सारा संसार फले फूले, अरमान संधान किया मैंने।
अबला नही मैं सबला हूँ, शक्ति हूँ औ सामर्थ्य भी;
अपनी सु-सामर्थ्य से, आसमान संधान किया मैंने।
न तो जग में अंधारी हूँ........

+

भू पालन हेतु बनी मैं,प्रेम महल चहारदीवारी हूँ।
विघ्नों का नाश कर्ता,गणपति की मैं महतारी हूँ।
न तो जग में अंधारी हूँ औ न ही मैं अनाड़ी हूँ।
जमीं से जुड़ी हुई, मैं हिन्दोस्तां की नारी हूँ।

-**-

53. बदकिस्मती की आँखें फोड़ना है

भाग्य में क्या लिखा? दैव की विधि कैसे दिखते हैं?
विधना-पृष्ठ पे सर्वदा, नियति ख़ुद से ही लिखते हैं।
दिल की ईहा, मन-अभीप्सा से जो नित सीखते हैं।
लिप्सा मोह माया छोड़, वो अपने ऊपर चीखते हैं।

\+

तकदीर में जो लिखा है, वह विधिवत होकर रहेगा।
होनी को कौन टाल सकता? जब चाह कुछ कहेगा।
मनोरथ जब पूरा हुआ तो दैव अभिप्राय क्यूँ गहेगा?
प्रारब्ध लेकर आनेवाले,वसुधा का क्रोध क्यूँ सहेगा?

\+

जग में सब किस्मत का खेल है,तदपि कामना करना है।
वांछा की प्रतिपूर्ति हेतु,सजग हो,मोह स्पृहा पकड़ना है।
आकांक्षा किया नही तो, अभिलाषा हेतु न अखड़ना है।
लिप्सा लालच लिप्तता छोड़,सबके नेकी हेतु लड़ना है।

\+

आगे बढ़ने की चाहत है तो दुनिया की परवाह छोड़ना है।
नसीब के डर औ दूसरे के ईर्ष्या से निजगति न मोड़ना है।
'प्रारब्ध में, विधि में, विधना का लिखा' मिथक तोड़ना है।
अभीष्ट के प्राप्ति हेतु, बदकिस्मती की आँखें फोड़ना है।

-**-

54. खूबसूरत रंगोली

आ गई है वासंती-समीर के झोंकों की टोली।
दिखने लगी सर्वत्र, बहुरंगी प्रकृति की कोली।
सर्वत्र सज्जित हो गई,गुझिया भंग की गोली।
सावधानी से मनाएं, हर बार मनभावन होली।
बनाएँ सुसभ्य खूबसूरत रंगोली;
सावधान हो खेलें वासंती होली।

+

होली की होगी सहज तरुणाई अंगड़ाई युक्त चाल।
पछुआ पुरवा दखिनाई हवा की होगी सुमधुर ताल।
गुड़हल गुलाब पलाश होंगे शोभायमान और लाल।
जग में तन्हाई छोड़के छिड़कें सभी प्रेमरंग गुलाल।
बनाएँ सुसभ्य खूबसूरत रंगोली;
सावधान हो खेलें वासंती होली।

+

ख़ुमारी और उदासी छोड़, बहायें रंगों की बहार।
मस्ती औ उमंग मे भरके छिड़कें प्रेम की फुहार।
ढोल मंजीरे की थाप पे होगी पायल की झंकार।
ख़ुशी की झलक की होगी बूढ़े दिलों पर दीदार।
बनाएँ सुसभ्य खूबसूरत रंगोली;
सावधान हो खेलें वासंती होली।

+

सुजला सुफ़ला श्यामला प्रकृति की,कृतज्ञता जताएं।
फागुन की फगुनाई में सराबोर होकर, सबको हसाएं।

हँसी और उल्लास में भी भूलके, मत तोड़ें मर्यादाएं।
होली में बड़े-बुजुर्ग के प्रति, अपनी परंपरा निभाएं।
बनाएँ सुसभ्य खूबसूरत रंगोली;
सावधान हो खेलें वासंती होली।

+

झूमती डालियां खिले फूल, बयार में सुरभि लाती हैं।
उत्सवधर्मी वातावरण में,रिश्तियाँ छटा दिखलाती हैं।
होली अपनी प्रेमूष्मा से, बिगड़े संबंध भी बनाती है।
सभी रिश्तों मे मिठास घोलके कसैलापन हटाती है।
बनाएँ सुसभ्य खूबसूरत रंगोली;
सावधान हो खेलें वासंती होली।

-**-

55. कुटिलता

बेदर्दी यदि जग है, तो संभलके चलना पड़ता है।
कुछ भी जग में पाने हेतु, संघर्ष करना पड़ता है।
विमर्श का विमर्ष करके, सहर्ष बढ़ना पड़ता है।
जहान के गरल में भी, सच-हर्ष गढ़ना पड़ता है।
सच्चे लोग वही, जो कभी न बिक पाते हैं;
हर प्रकार की कुटिलता छोड़ टिक पाते हैं।

+

अनंत लोक में जाता है, केवल सुंदर कर्म पहचान।
भू पे रह जाता है, द्वेष,ईर्ष्या औ मिथ्या अभिमान।
सत्कर्म रूप विटप ला पाता है ज्योतिर्मयी विहान।
दुखदायी पलों में, सिर्फ सच छोड़ता निज निशान।
सच्चे लोग, निज बोली से बन पिक पाते हैं;
हर प्रकार की कुटिलता छोड़ टिक पाते हैं।

+

सदैव दुखातप में जो निज-धर्म मंथन करते हैं।
हमेशा धरती के प्राणियों का हर दुख हरते हैं।
तकलीफें झेल लेते, फिर भी न आहें भरते हैं।
सबके उत्थान के लिए नित्य परमेश्वर लड़ते हैं।
दर्द समझने वाले कभी न बन चिक पाते हैं।
हर प्रकार की कुटिलता छोड़ टिक पाते हैं।

+

जगत से न जाता कोई, कुछ भी मुट्ठी में भरकर।
अंतिम ठिकाना पाते सभी, अखिल विश्व तरकर।

सद्कर्म के कारण ही,परलोक दिखे भूमंडल पर।
शिला-सी सहनशील ही देखते कर्म कमंडल पर।
नहीं थकनेवाले, कर न झिक-झिक पाते हैं।
हर प्रकार की कुटिलता छोड़ टिक पाते हैं।
+

धीर, वीर, गंभीर नर, हितार्थ सोचते हैं मन में।
आग लगाती है, लहू की गर्मधार उनके तन में।
प्राण अटकते हैं उनके भारत के जन-जन में।
खुली किताब-सा होता है कर्म उनके जीवन मे।
सदा अच्छा सोचनेवाले, कर न दिक जाते हैं
हर प्रकार की कुटिलता छोड़, टिक पाते हैं।

-**-

56. प्रेम-बदली

प्रेमसुधा बरसानेवाले को न लगता दुख-अलि का डंक।
वो जग में प्रेमार्पण भेद न करते चाहे राजा हो या रंक।
औ वो प्रेम समर्पण के सिवाये, न मचाते कोई आतंक।
प्रेमपुंज के कारण ही,उनकी जिंदगी में न आता खंक।

+

प्रेमपयोधर अंक में बैठ, जो सदा बनते प्रेमांबर अंश।
औ जो कभी किसी की हयात में, ही मचाते विध्वंश।
औ सब प्राणियों की छाती में अल घोल, न बनते कंश।
अंब अंबक सहित देव पितर,कदपि नही देते उन्हें दंश।

+

अल बातों से परे होके,जो अंतस्घन से प्रेम बरसाते हैं।
औ निज ज्ञान-गुह में नित्येव उरु-विचार को बसाते हैं।
औ प्रेम ज़रिये घट-घट में बसके, जगत को हँसाते हैं।
वही संपूर्ण जग की बेहतरी हेतु, प्रेममहाल संदेशाते हैं।

+

प्रेम-वाटिका में रमन करने मोहूर्मि से ग्रसित न होते हैं।
हिमाद्रि-सम विषम परिस्थितियों में,वे कदपि न रोते हैं।
अहं-अजया नशा न आ पाती,वे भू पे प्रेमबीज बोते हैं।
जीवन-नभ में आगे बढ़ते हुए, प्रेम की बदली ढ़ोते हैं।

-**-

57. करें गुणगान प्रकृति की

सरित्-चश्मा से प्रस्फुटित ख़ूबरु झरझर वयन।
गगन-झरोखे से निर्निमेष झाँकती लसित नयन।
फ़िज़ाओं में चतुर्दिक थिरके हर्षित प्रसून चयन।
उम्दा धरा को दाद मिली,जब हुई प्रकृति चयन।
करें त्याग विकृति की।
करें गुणगान प्रकृति की।

+

कट से कज्जलित कटक, पुण्य पुष्प मध्य सुभाय।
पवन ऐयार की ऐयारी देख,ऐयाश ऐयाशी भुलाय।
शैल शिला उबट बीच में, कुसुम के उबटन सुहाय।
सुकेत सुकृत्य पाके,प्रकृति-मय जगत को लुभाय।
रहें संग भू-संस्कृति की।
करें गुणगान प्रकृति की।

+

धनुर्द्रुम से बनी हुई धनुई, सर्वत्र धन्वा से टकराती है।
पुनीत पुद्गल पुनी की अज,धक् धक् हो सरसराती है।
कलकूजिका भी कलकफल पा, सर्वदा कलकाती है।
प्रकृति-मनस्विनी मनस्थ हो,मनसिज से बलखाती है।
बनाएँ रेख प्रेम आकृति की।
करें गुणगान प्रकृति की।

-**-

58. कुहेलिका

झड़ते बारिश की फुहार में,
जब निकास हो ओस की;
तब पाला बदलने के लिए,
चाहिए कुहेलिका जोश की।

+

अधिकांश जन पलक झपकते
हीं, तुरंत पाला बदल लेते हैं;
तभी कुहासा में पाला का कुहरा,
बड़ ताला बदल लेते हैं।

+

बेचैनियों की पांखे उड़-उड़,
शाला बदल लेते हैं;
फुचका के गाला भी फुचक के,
पाला बदल लेते हैं।

+

सुर्खियां बटोरने के लिए,
कुहेलिकाएं अंध कर देतीं हैं;
अंधेरा में पाला बदलके,
प्रहेलिकाएं बंध कर देतीं हैं।

+

जब कुहरा की बदरी द्रुमावलियां,
विदारित हो घिर जातीं हैं;
तब पाला बारुनी जलियां की,

रात्रि-प्रीत में दिन फिर जातीं हैं।
+

अब तो दिन फिरने का,
जमाना चलो गयो है, भायो!
चलो राह में देखकर, न तो
पाला में लुढ़क-पुढक जायो।
+

ओखनी ओस की बूंदों को,
कुहेलिकाएं ही खूब पसंद है;
बदबूओं के पाला बदलने से,
अधिकतर मन मची गंद है।
+

चलो भाई! कुहेलिका को,
सड़क से बाहर धकेल दें;
जब तक जग जिंदगी रहे,
पाला पर कस नकेल दें।
.... पाला पर कस नकेल दें